Disruptive Management

Exciting Opportunities *in*
The Digital Age

管理的颠覆

把握数字时代新机遇

刘 杰———— 著

中国出版集团 东方出版中心

图书在版编目（CIP）数据

管理的颠覆：把握数字时代新机遇 / 刘杰著. —
上海：东方出版中心，2022.11
ISBN 978-7-5473-2096-9

Ⅰ.①管… Ⅱ.①刘… Ⅲ.①企业管理－数字化－研究
Ⅳ.①F272.7

中国版本图书馆CIP数据核字（2022）第209380号

管理的颠覆——把握数字时代新机遇

著　　者	刘　杰	
策　　划	江彦懿	
责任编辑	陈明晓	
封面设计	钟　颖	

出版发行　东方出版中心有限公司
地　　址　上海市仙霞路345号
邮政编码　200336
电　　话　021-62417400
印 刷 者　上海万卷印刷股份有限公司

开　　本　890mm×1240mm　1/32
印　　张　6.25
字　　数　101千字
版　　次　2023年1月第1版
印　　次　2023年1月第1次印刷
定　　价　58.00元

前　言

　　这本书我写了整十年,虽然早已完成了初稿,但是一直在调整和修改内容,因为数字化技术及其应用在快速地发展,企业的管理也随之需要不断地创新,而我又试图写一本今后若干年都能够适用之作。

　　此外,近十年来我为复旦大学管理学院 EMBA 开设了一门选修课"互联网背景下的企业管理颠覆",每年讲授两到四次,几乎每一次都会将包括案例在内的课程内容更新百分之二十左右。

　　本以为这本书难以脱稿了,直到前段时间在阅读苏联思想家伊·谢·科恩的《自我论:个人与个人自我意识》时,书中的一段话让我有了一点顿悟:"一知半解者读古代希腊悲剧,天真地以为古代希腊人的思想感受方式和我们完全一样,放心大胆地议论着俄狄浦斯王的良心折磨和'悲剧过失'等等。可是专家们知道,这样做是不行的,古人回答的不是我们的问题,而是自己的问题。"引申开来,其意思就是,人们在一段时间里面需要回答的只是这一段时期遇到的问题,很难把今后可能遇到的问题都解决掉。其实,彼得·德鲁克(Peter Drucker)先生曾经断定的结论也是如此。德鲁克先生在其著作《管理新现实》(*The New Realities*)中断言:"任何企业中仅做后台支持而不创造营业额的工作都应该外包出去,任何不提供高级发展机会的活动与业务也应该采取外包的形式。"然而,当下现实中的一些企业将直接创造营业额的销售职能也外包了,例如,在纳斯达克和香港两地挂牌上市的宝尊电商就承担了众多品牌商品的在线市场的销售职能,著名的耐克(Nike)、阿迪达斯(Adidas)等众多品牌在淘宝、天猫等平台上的专卖店其实就是完全由宝尊电商代运营的,也有少数企业开始将其线下的销售完全外包了出去。此外,人们一直认为研发是企业的生命力所在,属于企业价值链中提供高级发展机会的活动,而这样的活动也被美国著名的《财富》世界五百强企业纽柯钢业外包了出去,纽柯钢业甚至没有研究与开发部门,却实现了连续30年每个季度都盈利的奇迹。所以,虽然在企业管理领域存在着经典的著作,但是很难有一本著作能够完全适应和指导企业今后很长时期的发展需求。

因此,我也就不再追求去写作一本"传世之作"了。本书的目标不是对未来的企业管理做预测,而是能够为当下的企业管理者应对和利用数字化提供一点帮助。当然,若干年后,本书提出的思想和方法可能都不再适用,可是如果能为今后的企业管理思想史研究者留有一点资料,那本人也将颇感欣慰。犹记钱穆先生在《国史大纲》开篇就强调,我们对于历史传统要有温情与敬意,既不对历史抱有一种偏激的虚无主义,也至少不会感到现在我们是站在以往历史最高的顶点处。

从钱穆先生的这个出发点进一步来讲,本书书名中的"颠覆"二字是应该加引号的。因为企业出现的历史很悠久,真正的现代企业制度出现也有一百多年时间了。因此,当今企业管理的思想、理论、方法和工具等都能找到其历史根源,《旧约》中就有这样一句话:"太阳底下没有新鲜的事情。"但不可否认的是,数字化本身是新生事物,然而,数字化必须要与企业管理结合起来才能对企业产生作用,对此,美国加州大学伯克利分校的卡尔·夏皮罗(Carl Shapiro)教授等在其《信息规则:网络经济的策略指导》(*Information Rules:A Strategic Guide to the Network Economy*)一书中就明确指出,技术会改变,但经济规律不会改变,人性也不会改变,因此,本书的写作也没有取悦和迎合这个时代对企业数字化流行的很多观点和看法。其实,读完本书后,读者就可以理解本书选用的"颠覆"一词实际上是"回归"的意思,也就是说,人们本应该如此开展企业管理,但是因为条件不具备而没有做到,久而久之倒成了惯例,而时至今日,随着数字化技术及其应用的发展,人们可以逐步地做到应该做到的事情,即颠覆了人们先前的思维和习惯,企业管理在回归企业的本质和管理的本质的征途中又前进了一步。

例如,生产和销售家电的青岛海尔一直都希望能够知道其产品是被哪些消费者买走了,又是如何使用的,使用过程中有什么样的需求需要得到满足，等等。然而，在以前海尔要接触到每一位最终用户的成本很高，甚至没有办法知道其产品是被哪一位用户买走的，因此，"一切以用户为中心"在某种程度上来说只能是一句口号。而现在通过物联网家电不仅可以知道其每一台产品身在何处，而且还能知道每一台产品的使用运行状况，这样青岛海尔就可以做到原本应该做到的事情了，企业及其管理将回归到应该有的本质。所以，与其说数字化颠覆了企业与管理，还不如说数字化让企业与管理返璞归真，回归其本质。

当然，讨论企业本质与管理本质的文献已经有很多。由此也可以看出，一方面，对企业本质与管理本质的探讨就像剥洋葱一样，剥掉了一层又一层后似乎已达核心，然而还是可以继续剥下去，本书也试图从数字化的发展与应用的层面探讨企业及其管理如何回归其本质的思想与方法；另一方面，人们对企业及其管理的思维是不尽相同的，马克思就说过，人的本质是其一切社会关系的产物，而现实社会中每个人的社会关系不同，其思想当然也会有异。在充分地认识到这一点以后，无论是在课堂上，还是在企业管理实践中，我都会设身处地理解不同意见，并且从不同意见中吸取知识与经验，本书中的大量思想就是这样得来的。

不过，我偶尔也会因为自己在上市公司担任董事高管等经历和经验而难以接受一些不同的观点，每当这个时候，我都会回想罗曼·罗兰在《约翰·克利斯朵夫》中表达过的一个说法：很多人在二三十岁上就死了，等到八十岁才埋葬。罗兰的意思是一些人在二三十岁时就已经到达成长的尽头了，自此以后的思想便不再改变，即使读书或参加大量的培训课程、攻读管理学的学位等，其实也只是在重复巩固自己熟知的东西。然而，黑格尔说"熟知非真知"，因此，我借鉴自己的很多教训写作本书，尽量从企业的管理理论、实践案例和商业逻辑等视角讨论数字化对企业管理的"颠覆"这个主题。当然，这样写的目的并不是试图让所有人都接受本书的观点，而是希望从多个方面做分析后，不同思维方式的读者都能够了解本书提出相关观点的思维过程。

　　在构架本书内容的初期，我就尝试着尽量能使每一章都是一个独立的议题，各章合起来后能够组成当下数字化背景下的企业及其管理的一个有机整体，在此要特别感谢期刊《清华管理评论》及编辑刘永好老师、朱晶老师等，让本书的每一章内容都独立做了发表，且允许我再次完善后结集成书出版。此外，还要感谢复旦大学管理学院 EMBA 项目和 EE 总经理班项目的同学们，让我在课堂上讨论了本书的每一个主题，不仅给予我很多建议、认可我的许多观点，而且还立即付诸企业实践。感谢加拿大麦克马斯特大学（McMaster）管理学院的袁雨飞教授，他曾经对我说过："你能让企业家直接接受你的观点并在实践中加以运用，且取得可见的业绩，其实不比在一本国际顶级期刊上发表论文容易。"这句话鼓励了我不去用惯常的学术思维来思考与写作。

　　最后，还要感谢东方出版中心的马晓俊先生和江彦懿女士的帮助，尤其是要感谢中心出版创新研究室的万骏先生和责任编辑陈明晓女士，他们对这本书的文字做的修改与润色等工作，不仅让我感动，而且还促使我今后更加重视文字的规范。

在数字化时代，企业环境变化快速，企业管理变得越来越复杂，管理史专家斯图尔特·克雷纳（Stuart Crainer）先生在其对 20 世纪管理思想与实践进行批判性回顾的《管理百年》(*The Management Century*)一书中告诉人们：“管理只有恒久的问题，没有终结的答案。”

本书作者期待来自读者的思想回应。

刘　杰

2022 年 10 月 26 日于文茂庐

目 录

第 1 章　　**企业管理的原点**
正确的企业目的 / 1

1.1　树立正确目的是企业管理的第一
要务 / 4

1.2　企业的目的是股东价值最大化之说的
辨析 / 9

1.3　企业的目的是承担社会责任及为员工
创造价值之说的辨析 / 13

1.4　企业的目的是创造客户或者用户之说
的辨析 / 20

1.5　本章小结 / 28

第 2 章　**数字化及其应用**

企业管理视角 / 31

2.1　企业数字化的基础：互联网及其基本
　　　功能 / 34

2.2　互联网带来企业数字化管理思维 / 39

2.3　企业对数字化管理思维的具体应用 / 48

2.4　本章小结 / 55

第 3 章　**数据要素**

企业的意义与应用 / 57

3.1　从企业的发展认识数据是生产要素 / 60

3.2　数据要素在企业发展中发挥作用的三个
　　　层面 / 63

3.3　企业数据要素应用的三个目标与任务 / 72

3.4　企业数据要素运用中的四个核心 / 76

3.5　本章小结 / 82

第 4 章　**算法治理**

数据时代的企业策略 / 83

4.1　企业算法治理策略的基础 / 86

4.2　企业算法治理策略的组成 / 93

4.3　企业算法治理策略的实施 / 103

4.4　本章小结 / 108

第 5 章　**企业自动化管理的实施**
意义与路径 / 109

5.1　企业对自动化管理的定位 / 112

5.2　自动化管理系统是企业管理者的帮手
　　　/ 116

5.3　一个供应链自动化管理的实例 / 122

5.4　企业开展自动化管理的基础建设 / 127

5.5　本章小结 / 131

第 6 章　**从企业数字化发展到数字化企业**
企业新的数字化之道 / 133

6.1　企业数字化与数字化企业的各自目标 / 137

6.2　数字化企业带来增长 / 141

6.3　数字化企业的构建 / 146

6.4　构建数字化企业过程中存在的陷阱 / 151

6.5　本章小结 / 154

第 7 章　　**产业互联网**
企业的新机遇 / 155

7.1　新基建促进产业互联网的发展 / 159

7.2　产业互联网企业将占据主导地位 / 163

7.3　企业的产业互联网机遇 / 169

7.4　本章小结 / 174

参考文献 / 175

第一章

企业管理的原点

正确的企业目的

近年来,随着社会物质财富的日益丰富、人们生活水平的不断提高以及互联网带来的信息急剧增多,企业管理者们不得不面对员工需求的变化所带来的巨大挑战,新时代的许多员工不仅关注工作获得的薪酬高低,而且同时追求从事有意义的工作(Meaningful Work),员工如果感觉工作无意义,则不仅会产生消极心理,对工作感到倦怠,还有可能会离职。因此,社会学、心理学、经济学等不同学科领域都将对意义的需要看作人类关注的一个核心问题,在管理中人们也认识到有效的管理应该是意义的管理,意义管理(Management of Meaning)就成为企业管理的一种有效的实践。

而开展意义管理首先就需要转变固有的思维,理解和把握有意义的工作的本质并加以设定,在工作中运用机制来保障员工对工作具有持续的兴趣以作为意义的来源,如此才有可能有效地开展意义管理,而对企业意义的原点做出明确的界定则是企业意义管理的基础,企业意义的原点就是企业的目的。

企业的目的究竟是什么？这看似一个非常简单的问题,但是在实践中很多企业管理者并未做过深入的思考。在 MBA 或 EMBA 的课堂中,同学们针对该问题即刻给出的答案常常就是"赚钱"或者"盈利",随后也有少数同学会认为是"承担社会责任""为了员工的幸福",或者是"满足客户的需求",等等。其实,确定企业的目的就是赋予企业的意义,同一个企业在不同的目的下,就会制定出不同的企业发展战略和管理机制,企业员工也会感受到工作的不同意义。

黑格尔说过:"熟知非真知。"所谓熟知是指仅仅知道事情的轮廓,并非知道事物的本质,人们常常脱口而出的结论不一定是正确的。那么,为什么明确企业的目的是企业管理尤其是意义管理的原点呢？究竟应该如何去发现和建立企业的正确的目的呢？本章将探讨这些问题。

1.1 树立正确目的是企业管理的第一要务

德国著名社会学家马克斯·韦伯(Max Weber)说过:"人是悬挂在自我编织的意义(meanings)之网上的动物。""意"(intention)一般被认为是指意向、愿望、意愿,"义"

（righteousness）则是指合乎正义或公益的道理与行动，也是对"意"的价值判断。而"目的"（purpose）的含义是什么呢？根据《辞海》的解释，所谓目的就是人（或组织）在行动之前根据需要在观念上为自己设计的最终要达到的目标或结果，是引起、指导、控制和调节行为的自觉的动因。由此可见，"目的"是属于观念层面"意"的内容，"意义"就是正确的"目的"。

所以，企业管理的第一要务就是明确企业存在的意义，也就是树立正确的企业目的。

在此，特别要强调的是，目的是唯一的，即一个组织不能有多个目的，否则，不仅使得在其中工作的人们难以有共同的思维，而且也会使同一个人处理不同的问题时持有不同的出发点而让其他人无所适从。如果有人认为一个组织的目的可以是一个综合体，其实是把目的（purpose）与目标（objective）、手段（means）混淆起来了。目的属于精神层面，一定是唯一的；目标则是目的的具体化，即目标是根据目的而制定的要达到的各种预期成果，目标具有可预测性、可计量性、分阶段性和可激励性等特点；手段则是为了达到某种目的以及相应的目标而采取的方法和措施。

比如，在日常生活中，有很多人喜欢跑步健身，普通人跑步的目的是保持身心健康。围绕这个目的，可以有血压、血脂和体重等具体的健康指数目标，以及根据个人的身体状况和水平进展所确定的具体运动目标，比如速率、心率、步频和步幅等。跑步运动只是保持健康这个目的的一种手段，还可以有很多其他的手段，比如注意饮食结构,参加游泳、打羽毛球和骑自行车运动等。如果普通人没有明确跑步的目的是健身,可能就会一味地追求每天跑步的距离和速度,甚至可能是想参加比赛拿到名次,那就是把目的、目标和手段混淆了,结果带来的可能反而是对自己身体的伤害。

而且,在一个目的下的众多目标常常还是相互冲突的。美国社会科学家詹姆斯·马奇(James Gardner March)认为,组织是由不同的个体和人群组成的,这些个体和人群都有着不同的利益诉求,因此,组织是没有单一目标的。组织目标的确定本质上是一种权力和争夺控制的结果,组织的目标不是一个设定的过程,而是一个政治的过程,政治本质上又是一个平衡,各方通过讨价还价、不断博弈构造出一个利益联盟。而企业天生就是一个充满了冲突的场所,现代企业建立之初就是多方利益相关者的聚合:投资方、管理层、员工、顾客,还包括政府、媒体以及公众等。任何一方在企业治理过程中都会试图通过权力手段(包括强制、资源依赖、意识形态等)来努力实现自己的利益诉求。这时就有可能对目标的重要程度进行排序,比如:客户第一,员工第二,股东第三,等等。

所以,目的和目标并不是同一个层面上的概念,做任何事情应该首先明确目的,然后才能确定用以引导行为和检验达到目的程度的具体目标,如果没有明确目的就确立一系列的目标,那么其状况就会犹如封在玻璃瓶里面的蜜蜂,感觉前途无限光明而忙碌不停,但却四处碰壁、无路可寻。当然,如果目的是错误的,亦即没有意义,那么依据错误的目的而确立的目标也难保正确和顺利实现,并且采用越先进的手段就有可能越加速失败的到来。具有意义不仅有利于选择正确的事情,而且也有利于选择合适的手段,正确地执行并达到预期的目标。

综上所述,目的具有唯一性,而目标一般会有多个,且多个目标之间既存在一致性的一面,也可能存在矛盾性的一面,比如:短期目标与长期目标、经济性目标与社会性目标、局部目标与整体目标、股东利益与经营者利益等。针对这些可能相互冲突的目标做决策时,企业的利益相关者都应该时刻提醒自己"不忘初心",即在追求目标的同时不要忘记正确的目的,即企业的意义。因此,在目标不一致且有冲突的情况下,可以用企业的意义来统一人们的思想,检验、评价和平衡各项目标并加以选择。

从另外一方面看,如果在对企业的意义缺乏明确定义的前提下就制定企业的目标,并开始执行追求目标的实际行动,那么就可能会使得企业在发展过程中的行为摇摆不定,而且也常常不知道及时调整因外部环境的变化而变得不合适的目标。例如,利润是企业生产经营的一个成果,是企业赖以生存和发展的必要条件,然而,利润最大化可能仅仅是企业的目标之一,并不是企业的意义所在。就利润目标而言,由于诸如年度、季度、月度等短期目标比较易于分解,也易于很快见效,而长期目标比较抽象,难以分解,因此,如果把追求利润最大化作为企业的目的就可能会导致企业"短视化"的行为。

　　瑞士手表在全球所占市场份额的变化就是一个典型的例子。在 20 世纪 60 年代,瑞士手表就占有世界手表市场 65% 的份额,虽然他们当时发明了石英表技术,但是因为已经普遍习惯了自己确立的手表生产工艺,并且也拥有一定的市场份额,便没有顾及市场客户需求的变化,倒是日本精工等公司充分开发了石英表市场,以至于到 80 年代时瑞士手表占整个市场的份额跌至 10%。这是因为企业仅习惯于看自己眼前的能力以及成果而确定相应的目标,而缺乏依照企业的意义适应技术上发生重大转折时需求市场变化的思维。无独有偶,柯达公司也是被自己在 1975 年发明的数码相机所击溃的。也许有人认为这是企业的战略出了问题,事实上这些企业拥有很多战略,战略本身并不是企业的意义,战略是实现企业意义的途径而已,如果企业目的是错的,那么越是优秀的战略可能引导企业越快速地失败。

　　因此,任何一个企业都应该首先明确自己的意义,即正确的目的,同时要清楚地认识到追求该意义的理由,而不是一开始就苦苦追求"应该如何实现目的?"这个问题的答案。明确企业的意义是经营企业的出发点,在明确了企业的意义之后才能进一步确定企业的愿景、使命和价值观以及各项业务、各个阶段的动态目标。企业管理者对企业意义的认识与定位,一方面决定了企业自身的各种管理决策行为,如果企业管理者对企业的意义含糊不清,会让员工难以统一贯彻执行组织领导层的战略意图,也会使企业在市场大潮中随波逐流、战略指导思想多变，从而迷失方向；另一方面也会给社会带来相应的影响，因为企业是当今社会中重要的一类组织，其行为会影响到整个社会的风气。

其实，不仅仅是企业管理者需要明确企业的意义，社会大众也会因对企业意义的错误认识而盛赞一些已经远离了企业正确目的的公司，或者冤枉甚至棒杀一些优秀的企业。

《大学》开篇就说："物有本末，事有终始，知所先后，则近道矣。"从中可以看出，"本"和"终"应该在先，"末"和"始"应该在后，即人们平常所说的做事情要"有始有终"，其实应该是"有终有始"。确实，如果都不知道要往哪里去（"终"），那怎么知道一开始应该向哪个方向迈步前进呢？企业之道应该首先明确自身的意义，然后才开始行程。因此，在价值观多元化的社会环境中，辨清企业的正确目的便显得尤为重要。

1.2　企业的目的是股东价值最大化之说的辨析

企业的目的是什么，最常见的观点就是股东价值最大化，即企业的目的是盈利、赚钱。诺贝尔经济学奖获得者米尔顿·弗里德曼（Milton Friedman）认为只要企业的行为符合法律和伦理，那么企业就不需要关心更大的社会目标，只要它遵守游戏规则，即进行开放和自由的竞争，而没有欺骗和舞弊，则企业目的有且只有一个，即使用其资源并且从事增加其收益的活动。亚当·斯密在《国富论》中提出了其著名的"看不见的手"的观点，认为在市场经济中，个体间的自然交易将会创造出高效的资源分配模式，并有利于促进市场经济创造出更高水平的经济收入，企业的责任就是单一地向社会提供产品和劳务，从而使企业利润最大化。也就是说，企业的目的就是为股东赚更多的钱，除此之外的一切都会随之而来，因为企业在赚钱的过程中，也满足了一定的社会需要，如果忽略了赚钱才是企业存在的目的，那么这个企业一定会很难生存下来。

以上对企业目的的说法看起来似乎合情合理，然而，如果承认企业的目的就是赚钱的话，那么，人们就应该同意一些企业铤而走险生产有毒食品、黑心棉等假冒伪劣产品欺骗消费者的行为，因为企业只要能够赚到钱，就是成功的企业。所以，这个结论显然是有问题的。是不是加上"没有欺骗和舞弊"这个要求后，这个结论就正确了呢？也不一定，比如，一些企业开发的智能终端App虽然在用户使用之前会提供一个说明并让使用者确认后才运行，但是大多数人既没有耐心阅读，也缺乏读懂的能力，企业就可能会在用户同意的前提下，获取用户的隐私信息并进行商业化使用了。

在很多情况下，一些不良企业就是打着为企业、为员工赚钱的旗号,本质上却是为股东赚钱,往往是"赚一票是一票,赚一票就走",企业实际上是不顾及员工今后的工作与生活的。一个典型的企业就是我国河北省石家庄市的三鹿集团,该公司起始于1956 年只有 32 头奶牛和 170 只奶羊的"幸福乳业合作社",用了50 年左右的时间发展到了品牌价值近 150 亿元的大型企业。然而在 2007 年年底,三鹿集团陆续收到消费者投诉,反映有部分婴幼儿食用该集团生产的奶粉后尿液中出现红色沉淀物等症状,逐步开始有婴幼儿结石病例甚至有死亡的病例出现,在 2008 年 5月,领导层知晓了自家的三鹿牌婴幼儿配方奶粉发生了重大食品安全事故,其中含有会给婴幼儿身体带来巨大伤害的三聚氰胺成分,但是,企业领导包括当地的政府个别领导为了保护所谓的企业利益,不仅没有立即向社会公布相关真相,公开召回产品,而且还千方百计隐瞒事实。最终,造成了市场对公司产品的拒绝,三鹿集团也于 2008 年 9 月 12 日全面停产,加之用于支付患病婴幼儿的治疗和赔偿费用,三鹿集团出现严重资不抵债。在 2008 年年底,人民法院向三鹿集团送达了破产清算的《民事裁定书》,三鹿集团进入了法定的破产程序,企业的长期掌舵者田文华董事长及其几个同事也一起站在了石家庄市中级人民法院被告席上,三鹿集团的员工也随企业进入了破产重组过程。

　　反思三鹿毒奶粉事件的整个过程,有人说运营风险管理失控是真正的罪魁祸首,其实不然,三聚氰胺仅仅是一个导火索,其本质的原因就是企业追求了错误的目的,即"企业的目的就是赚钱"

这样一个理念。

再拿一般的上市公司来说，如果企业的目的是在于股东价值最大化，而多数公众股东所关注的一个直接的对象就是股票市场的价格，那么企业把股东利润扩大到最大化的短期行为可能就是证券市场上股票价格的兴奋剂，其实，企业在股市上短期的表现并不等同于企业长期的发展。

因此，对股东价值论有许多反对的声音，曾经担任过世界银行知识管理中心总监的史蒂夫·丹宁（Steve Denning）总结了一些著名的企业家反对股东价值论的观点，并指出了股东价值论存在的问题，包括：

全球市值最大的建筑集团法国万喜集团（Vinci Group）的董事长兼首席执行官泽维尔·于伊拉尔（Xavier Huillard）说它"愚蠢透顶"，欧洲联合利华（Unilever）公司首席执行官保罗·波尔曼（Paul Poleman）曾公开谴责"股东价值崇拜"，美国全食超市（Whole Foods）的首席执行官约翰·麦基（John Mackey）指责有些企业"将利润最大化视为目的，并将系统内所有参与者当作达成这一目的的手段"。美国云计算企业软营公司（Salesforce）董事长兼首席执行官马克·贝尼奥夫（Marc Benioff）指出这种无所不在的商业理论是"错误的"。

史蒂夫·丹宁还指出"股东价值论"存在着无所不在的短期主义（short-termism）、员工与管理者均萎靡不振而导致普遍投入热情匮乏、驱使企业追逐价值榨取而不是价值创造等等。无独有偶，181 家美国顶级公司首席执行官于 2019 年 8 月 19 日在美国商业组织"商业圆桌会议"（Business Roundtable）上联合签署了《公司宗旨宣言书》，该文件打破了股东利益的唯一重要性，认为公司的首要任务是创造一个美好的社会。

1.3 企业的目的是承担社会责任及为员工创造价值之说的辨析

霍华德·鲍文（Howard Bowen）被认为是企业社会责任（Corporate Social Responsibility，简称 CSR）之父，尽管他并非 CSR 概念的第一个提出者，但是他在 1953 年出版的专著《商人的社会责任》（*The Social Responsibilities of the Businessman*）引发了人们对企业是否应该承担 CSR 的辩论，后来人们进一步提出的可持续发展（Sustainable Development）也逐步成为近年来全球性的热点议题。这些观点认为企业必须能够同时有利于经济、社会和环境三方面的发展，企业的发展不能超越这三重底线（Triple Bottom Line），即企业除了包括经济性目的外，还要包括社会的和环境的目的。其主要观点就是：因为企业涉及包括股东、顾客、员工、各级政府、供应者、资金提供者和其他利益集团等在内的各种利益相关群体，社会对企业的预期也有了变化，同时企业也日益依赖于社会,所以,企业除了要为其股东赚取利润外,也应该为各相关利益群体履行其应负的社会责任,股东的利益最大化只是企业第二位的,而不是第一位的目标,企业必须建立和承担更大的社会责任。

西方学者提出的企业应该承担社会责任这个观点与我国古代孔子和孟子的思想是不谋而合的。《论语·里仁》有云:"君子喻于义,小人喻于利。"(君子看重的是道义,小人看重的是利益)《论语·卫灵公》有云:"君子谋道不谋食。"(君子用心谋求大道而不费心思去谋求衣食)"君子忧道不忧贫。"(君子只担忧大道的存废,而不担忧贫穷)《孟子·梁惠王上》载孟子对梁惠王说:"王何必曰利? 亦有仁义而已矣。"(大王何必说利呢? 只要说仁义就行了)《孟子·告子上》载孟子对告子说:"生,亦我欲也;义,亦我所欲也。二者不可得兼,舍生而取义者也。"(生命是我所想要的,正义也是我所想要的,如果这两样东西不能同时得到,那么我宁愿牺牲生命而选取大义)此外,西汉时期的思想家董仲舒也认为:"正其谊不谋其利,明其道不计其功。"(做任何事情都是为了匡扶正义而不是为了个人的利益。出自《汉书》卷五十六《董仲舒传》)我国古人的这些观点应用在企业的目的方面,其实都是强调社会责任的。

无论是最初提出的企业社会责任的内容,还是上述提及的我国古人的观点,看起来应该都是正确的。然而,仔细分析一些著名企业家的观点和行为,又会让人们进一步地深思"企业的目的真的是承担社会责任吗"这个问题。在此，需要再次强调对"目的"的理解，目的是在人的观念中的，有且只能有一个。

史蒂夫·乔布斯(Steve Jobs)被认为是计算机业界与娱乐业界的标志性人物，创办了美国苹果公司并经历了其几十年的兴衰，先后领导和推出了麦金塔计算机(Macintosh)、iMac、iPod、iPhone、iPad、iCloud 等风靡全球的电子产品和服务，深刻地改变了人们通讯、娱乐和生活的方式。1997 年第二次回苹果任 CEO 后，他在短短数周之内就把苹果公司的几乎所有慈善项目都终止了，他说："让慈善见鬼去吧。"苹果也因此被称为"美国最不慈善的公司之一"。此外，当时在中国的苹果代工厂富士康等公司一再发生员工自杀、污染环境等事件，还与雇佣 15 岁童工的工厂存在联系，等等。也就是说，乔布斯及乔布斯时代的苹果公司是功利主义者，在企业社会责任方面乏善可陈。同样，亚马逊首席执行官杰夫·贝索斯(Jeff Bezos)也被评价为最不爱做慈善的超级富豪之一。

英国曼彻斯特大学教授蒂莫西·德文尼(Timothy Devinney)等学者用 10 年的时间，在澳大利亚、中国、德国、印度、瑞典、西班牙、美国和土耳其这 8 个国家，进行了一系列普遍的、实验性的民意深度调查和消费者实际的消费行为研究后发现，真正基于道德考虑的购买决策所占比例很低，大多数人都不会为了道德而去牺牲产品的功能，即人们非常不情愿将产品的道德特性作为购买产品的首要原因。因此，大多数道德产品只拥有小众市场。

例如，如果存在另外一款手机，相比于苹果手机而言，其生产商非常讲究社会责任，但是这款手机的性价比不如苹果手机，那么绝大多数顾客可能还是会选购苹果手机的，也就是站在企业角度看，大多数顾客不会为企业承担了所谓的社会责任而买单。因此，尽管苹果在通常所认为的社会责任承担方面存在不足，但并不影响人们对乔布斯的普遍敬重以及消费者对苹果产品的追捧，甚至有许多权威评价说乔布斯是 21 世纪过世的第一位伟人，乔布斯时代苹果公司的产品改变了世界。可能会有人提及 2021 年鸿星尔克公司因为某地水涝灾害捐款而带来了巨大的销售量的例子，其实，如果该公司的产品价高质次，那么绝大多数消费者可能就不会因为其捐款而买其产品了。

我国南宋思想家、永康学派的代表人物陈亮（1143—1194），就为功利观做过辩护，他的一个著名的观点就是："功到成处，便是有德；事到济处，便是有理。"（《止斋文集·答陈同甫》）换句话说，道德应该体现于其效果上，体现在其物质利益方面，人都有追求物质欲望的本性。因此，讲人道，讲道德，就应该见之于人们的物质利益，道德与功利不是对立的而是统一的，道德与"事""功"密不可分，离开功利便无道德。

值得一提的是，这里提及乔布斯及苹果公司的行为，并不是证明企业不需要承担社会责任，而是说企业的目的不是承担社会责任。其实，当企业在遵守社会道德规范以及法律法规的前提下实现自己目的的同时，自然也就应该实现了自身的"功利性目标"

以及承担税收、吸纳劳动力等应有的社会责任目标。

提到吸纳劳动力，还有人认为企业的目的应该直接就是为员工创造价值。例如，在 1929 年美国经济大萧条期间，IBM 也受到了巨大的冲击，但 IBM 当时的企业价值观就是"善待员工，尊重客户，追求卓越"，那时 IBM 创始人老沃森（Thomas John Watson）就说过：我们所有的资源就是员工，绝不裁员。在 1933 年，IBM 成为全球第一家为员工买商业保险的公司，第一家给员工提供带薪休假的公司。

在苏格兰皇家银行（RBS）和美林（Merrill Lynch）等一些金融服务企业中，有一部分员工和管理人士也曾经持有这样的结论，即企业存在的目的只是为了让在其中工作的人们变得富有起来，而企业的股东、客户以及社会责任等一切都应该为之让步。

在中国近些年颇有影响力的火锅餐饮企业海底捞给人们的印象也是将员工的积极性调动放在第一位，不仅提供给员工相比其他企业更好的收入、住宿等条件，还给予员工一定的决策权，服务员拥有给顾客送菜、打折甚至免单等一些决定权，因此，在中国餐饮行业的员工流失率为 20%—30%，部分甚至达到 50% 的背景下，海底捞的员工流失率能够控制在 10% 以下，有效地节省了因员工跳槽带来的招工、培训等成本，这也使得 1994 年创业的海底捞，其收入在 2014 年超过 50 亿元、2020 年超过 286 亿元人民币。

上面几家中外企业的实例看起来似乎企业的目的确实是保

证员工的利益的，其实，在 1993 年 4 月 1 日，郭士纳（Louis Gerstner）由美国最大的食品烟草公司老板转而成为 IBM 董事长兼首席执行官，受命于危难以弥补其前任给 IBM 留下的空前的亏损纪录时，一年内就裁掉了 60 000 多名员工，削减成本，调整结构，以彻底摧毁旧有的经营模式，被外界认为是务实的态度；在 2015 年初，IBM 因为经营收益下滑，又开始了新一轮更大规模的裁员。此外，苏格兰皇家银行和美林银行在 2008 年遭遇金融危机时，也不得不依靠政府的纾困，英国政府就几度出手注资数百亿英镑给 RBS。还有就是海底捞创始人张勇认为的，为了保证服务质量的连续性和一致性，海底捞的每个店都必须保证 30% 左右的老员工"压阵"，因为"在没有培养足够合格员工之前拿钱拼店数，是失去顾客进而让海底捞品牌消失的最快死法"，因此，其本质实际上是担心"失去顾客"，正如人们常说的，你怎么对待你的员工，你的员工就会怎么对待你的客户。

由上面的几个企业实例还可以看出，尽管一些企业宣称要把员工的利益放在第一位，其真实目的还是希望以此让员工以良好的状态、愉悦的心情、优秀的服务来对待企业的客户，而且企业在难以为继等境况下，常常考虑的也是如何用低的成本来获得市场的青睐，裁员就是企业为降低成本经常采取的一个行动。

从另外一个方面来看，人虽然有父爱、母爱等无私的社会特性，但也有追求物质利益的"自私"的一面，如果企业的目的在于员工，那么员工的目的也在自己的利益（包括收入、职位等），当一个企业中的每个人都在为自己的利益做努力的时候，很难想象这个企业会有强大的凝聚力让每个人都能"劲儿往一处使"，这时最大的可能就是人们会为了满足上司的需要而工作了。英国哲学家培根甚至说过，追逐私利的人往往会烧掉大家的房子来煮自己的鸡蛋。

德鲁克在《管理的实践》（*The Practice of Management*）一书中提到，如果员工把赚钱当作企业的目的，他就会坚信"生产会创造利润"，也就坚信自己为企业创造了利润，从而员工会认为自己的利益与企业的利益之间存在根本的分歧。另外，彼得·德鲁克也明确指出，企业的目的一定是在企业之外，而不在企业内部。因为从企业的出现和发展的过程来看，企业是社会进化发展过程中产生的一个"器官"，是整个社会的一个有机组成部分。而有机体的任何一个器官都并非为其本身的存在而存在，而是为了实现器官所从属的整个有机体的目的，也就是说器官的目的不在器官内部，而应该在器官之外。由此可以认为企业的目的并非为企业内部员工创造价值。

不过，管理学大师加里·哈默（Gary Hamel）和比尔·布林（Bill Breen）在其《管理的未来》（*The future of Management*）中写道："管理创新应该转化为员工的利益。"即任何管理创新，如果只是给公司带来业绩，而不给员工直接带来利益，那么，管理创新就将是公司的事情，而不是员工的事情。他们的观点看起来似乎是正确无疑的，其实，管理创新能否带来利益，本质上还应该是这种创新是否能够给客户带来价值,只有客户认可的管理创新才会给创新者带来效益。因此,加里·哈默和比尔·布林所言应该是管理创新为客户带来价值后所产生的效益的分配机制,这种分配机制在他们看来要更多地偏向员工。

与"企业的目的是保证员工的利益"相适应的常见做法,就是教育员工要把企业当作家,企业也承诺把员工当作亲人。其实,真正的家庭无论多么贫穷,也不太会"解雇"任何一个家庭成员的,但是,企业在难以为继的阶段常用的一个手段就是"减员增效"。

因此,企业需要承担社会责任并且为员工创造价值,但是,承担社会责任并且为员工创造价值并不是企业的目的,而是企业经营的成果之一。总之,任何一个社会都是由不同的系统、行业以及各种组织等角色组成的,如果每一种角色都不越俎代庖,也不推卸责任,都能把自己角色该做好的事情做好,那么这个社会就将变得美好。

1.4　企业的目的是创造客户或者用户之说的辨析

彼得·德鲁克在其《管理的实践》一书中明确指出:"如果我们想知道企业是什么,我们必须先了解企业的目的,而企业的目的必须超越企业本身。事实上，由于企业是社会的一分子，因此企业的目的也必须在社会之中，关于企业的目的，只有一个正确而有效的定义：'创造顾客。'"德鲁克认为盈利不是企业和企业经营活动的目的，而是企业和企业经营活动的一个限制因素，获得足够的利润是用来抵偿经济活动中各种风险、规避损失的。

不过，也有人认为，企业并不是为客户而存在的，客户只是企业生存的借口和道具。针对"顾客是上帝"这句口号，有人就反驳道："上帝普爱众生，顾客则大多都是势利眼，他们要的不是你的崇敬，而是赤裸裸的性价比。"针对"顾客是衣食父母"这句耳熟能详的话，也有人不以为然，认为："母不嫌子丑，顾客却大都是靠不住的人贩子。如果街面上有更好的孩子出现，这些父母立刻就会把现有的孩子甩了。"所以，"企业需要的是自身的某种手艺和本领，能够不断地让一代又一代顾客对其产生依赖。顾客其实只是那些按时定点按照企业要求争先恐后给企业送钱的人"。

这些观点虽然在逻辑上没有错，但是"顾客是上帝""顾客是衣食父母"等口号本身就是错用的。美国麻省理工学院斯隆管理学院行为经济学教授丹·艾瑞里（Dan Ariely）在其《怪诞行为学》（*Predictably Irrational*）一书中提到，人们同时生活在两个不同的世界里，一个是由社会规范主导的世界，另一个是由市场规范制定法则主导的世界。一般而言，社会规范存在于人们的社会本性和共同需要里面，界限并不是很明显，表现出的是友好的行为，这些行为并不要求立即有回报，这就可以为双方都带来愉悦感；

而在被市场规范所统治的另一个世界里，黑白边界清晰可见，并不存在友情，存在的只是按劳取酬、利益比较与及时偿付等交换行为，比如：工资、价格、租金、利息，以及成本和盈利等运营结果。

丹·艾瑞里在该书中讲述了一则很有说服力的小故事：

付费给你的岳母

你在岳母家参加感恩节家庭宴会。看看她为你们摆出的那丰盛的一大桌子吧！火鸡烤成油亮的金黄色；火鸡里面塞的全是你最喜欢的家庭自制馅料。孩子们吃得兴高采烈；甘薯上面是厚厚的蜀葵糖浆。你妻子也非常得意：餐后甜点是她最拿手的南瓜派。

节日庆祝一直持续到深夜。你松了松腰带，啜了一小口葡萄酒，深情地注视着坐在对面的岳母。你站起身来，掏出了皮夹。"妈，对于您在这一切中所倾注的爱，我应该付您多少钱？"你诚心诚意地问。屋子里顿时鸦雀无声，你晃了晃手中的一叠钞票。"您觉得 300 美元够吗？不对，等一等！我应该付您 400 美元！"

美国著名插画家诺曼·洛克威尔也画不出这样一幅画。一杯葡萄酒被打翻了，你岳母满脸通红站了起来；小姨子对你怒目相向；外甥女哭了起来。明年的感恩节，十有八九，你就自己守着电视机吃冷冻午餐吧。

　　这则小故事要表明的就是一个女婿参加的其实是一场由社会规范主导的感恩节家庭聚会，但是他却在其中运用了市场规范——估算价格后付钱给操办晚宴的丈母娘，从而造成了其他家庭成员的茫然与不满。其实，该书在后续的内容中还进一步论证了一个道理，即"市场规范一来，社会规范就被挤跑了"。亦即如果那个女婿三番五次地在家庭聚会中采用市场规范对待他的丈母娘，那么丈母娘就会慢慢地适应这种市场规范，而在以后准备家庭聚会活动的过程中，就会慢慢地体现出市场规范的思维，每一次的准备过程会以从女婿处得到多少钱为主要标准了，等到哪一天这个女婿突然发现这个现象并不正常而向丈母娘提出社会规范的要求时，也许他的丈母娘就很难转变过来了。正如在家庭教育中，如果总是拿金钱刺激孩子从事家务劳动，那么时间一长，孩子就会形成做家务活挣钱的思维，当父母生病躺在床上需要孩子帮忙倒一杯水的时候，孩子可能会提出付钱的要求，从而缺少了相互关怀的亲情。

　　由此可见，"顾客是上帝""顾客是衣食父母"这些口号本身就混淆了社会规范和市场规范，"顾客"属于市场规范领域的概念，而"上帝""父母"则属于社会规范领域的概念。正如丹·艾瑞里所指出的，"鱼与熊掌不能兼得。你不能一会儿拿顾客当作一家人，过一阵又公事公办"，并且一旦社会规范与市场规范发生碰撞，社会规范就会退出，亦即当"上帝""父母"遇到"顾客"时，"上帝""父母"当然就会退出其应有的职责了。所以，驳斥"顾客是上帝""顾客是衣食父母"等口号是得不出"企业并不是为客户而存在的"这样一个结论的。

　　实际上,企业是人类社会的一种经济性组织,从会计核算的"利润＝销售收入－成本"这个公式就可以看出,企业产品和服务只有被客户接受实现销售后才有可能得到增值的利润,企业才能赚到钱。因此,企业所有的业务开展,也就是企业的意义,都必须是从市场中客户的需求出发的,是为了满足市场客户的需求。对此,也许有人会说,乔布斯从来不做市场调研,因为乔布斯曾经说过:"靠用户调查来设计产品太难。很多时候,要等到你把产品摆在面前,用户才知道想要什么。"因此,他是自己坐在那里禅定冥想而产生了一系列伟大的苹果产品的。这看起来似乎他并没有从客户出发,其实不然,他其实是分析用户(最终的客户)需求、了解用户需求的大师,他在禅定冥想中把自己当作用户,从洞察用户的角度在冥想中顿悟,通过这个过程挖掘市场潜在的需求,由此创造出用户需要的产品,也就创造了市场的客户。

　　对此,德鲁克先生还举过一个制鞋公司的例子:"他们认为一个企业就应该是一台挣钱的机器。譬如,一家公司造鞋,所有的人都对鞋子没有兴趣,他们认为金钱是真实的,其实,鞋子才是真实的,利润只是结果。"德鲁克的这个例子就告诉人们,应该重视的是劳动本身及其对象的意义,而不是只关心通过劳动可以挣得多少金钱。其实,世界之所以需要制作鞋子的人,不是因为制作鞋子的人需要钱或者具备相应的能力,而是因为有顾客需要鞋子。

当然，如果企业能够源源不断地创造顾客，也就有了源源不断地实现利润的可能，那样，股东的价值也就能够长期实现，员工的利益也就能够得到保证，企业同时也就有能力承担一定的社会责任了。在乔布斯带领下以及在其去世后的若干年内的苹果公司就被称为现金奶牛，为股东创造了很高的价值，为社会创造了大量的就业岗位以及税收，员工的工作与收入也得到保证。正因为如此，现在大多数的企业都制定了以顾客为中心的使命阐述或是公司宗旨之类的文件，比如：沃尔玛（Walmart）公司的"我们存在的目的是为顾客提供价值"，默克（Merck）公司的"我们的工作是保存和改善生命，衡量我们一切行动的价值的标准是我们在这个方面取得的成就"。

互联网尤其是移动互联网的普及和深入应用，改变了传统的客户与企业之间的沟通方式，客户和企业之间的关系也随之改变。以企业为中心的模式已经难以为继，借助互联网，市场中的产品或服务的最终享用者可以与企业直接沟通，因此就有了"去中介""端到端"等说法。

对于企业而言，其产品或服务的下游经销商、零售商、最终享用者都是企业的客户（customer），而其中的最终享用者就是用户（user），用户包含在客户之中，所以，用户才是企业产品或服务的最终享用者，但客户不一定是。因此，把用户从客户中单独细分出来，不仅使得企业的产品或服务设计具有更明确的目标对象，而且使得企业必须围绕最终享用者的需求提供产品和服务，就要求对企业的运作模式进行变革。一个大家所熟知的说法就是："用户需要的不是买的那把榔头，要的是墙上的那根钉子。"企业原本对"客户"只需要关注自己生产或销售的拳头产品即可，而对"用户"就需要关注其最终的需求以及达到其需求过程中的各个环节的实现了，这些环节中可能需要金融、物流、劳务等服务的帮助。因此，围绕满足最终用户的需求，企业就需要提供一揽子的产品和服务，而单个企业是难以满足这样的要求的，所以，企业生态系统就出现了。

青岛海尔集团前首席执行官张瑞敏先生认为："消费者或者客户是无名无姓的，今天我把东西卖给你，明天我就找不到你了，而用户与企业是长期联系的，是可以获取终身价值的。在互联网时代，用户是商业模式的基础，没有通过与用户的交互摸清他们的需求，产品和商业模式都不会持续。"也就是说，对企业而言，客户常常是一次性买卖的交易关系，在互联网环境下，连接用户的企业才可能有持续的商业联系，即企业应该与用户直接连接，并且相互间还要定期交互。

比如说在传统环境下，一个客户买了一台电视机后如果不出现问题，客户和电视厂商就不再有连接了，更没有交互，这个客户对企业的价值就是一次性的产品成交。其实，当用户把电视买回家后，服务需求满足才刚刚开始，这个服务需求可能包括：点播电影、回放电视节目、对打游戏，甚至上网购物，等等。

也就是说，当今用户是否购买某个品牌的电视机，可能就取决于客户买回家以后是否可以持续地得到他所需要的节目内容等服务产品了。

这就为传统的电视机厂家带来了挑战，原本只是生产、销售电视机给客户的，而现在则需要不断地去满足用户在电视机上的各种需求，当然，电视机厂家的盈利模式也相应地发生了变化，原本一次性地交易电视机，现在可能是每一个月收用户的月费，而且厂家需要频繁地与客户开展交互联系。

为此，近年来海尔探索并实践"人单合一"管理模式，其中，"人"是员工，"单"是用户价值，"合一"指员工的价值实现与所创造的用户价值合一，即每个员工都直接面对用户，创造用户价值。传统的以企业为中心模式转变为以用户为中心的管理模式了。

这里必须要提出的是，客户思维与用户思维有着本质的区别。一方面，客户思维大多是大规模制造模式，而用户思维则是大规模定制模式；另一方面，企业与客户之间是交易关系，而与用户之间就是服务关系，一个产品企业在用户思维下就会转型为服务型企业。由此也可以看出，对企业意义认识的改变甚至会改变企业的运营模式。

1.5 本章小结

在企业的各种活动以及个人的日常生活中,当人们发现自己把时间和精力放在自己找不到意义的活动上时,常常会向领导者提问或者自我发问:"究竟是为了什么?"亦即追求意义是一种普遍的人类动机。当然,马斯洛(Maslo)的需求理论已经指明不同的人在不同的阶段对意义的追求各有不同,这些可能相异的意义都应该被尊重。但是,对一个企业而言,需要将管理中应用的思想、理论和工具切实地与企业的目的以及员工的期待结合起来,使之具有意义,即明确给出"企业这样做究竟为了什么"这个问题的共同答案。因此,意义管理就成为企业管理的一个基本出发点。

企业管理的基础就是明确企业的意义,企业的意义就是企业树立的正确的目的。而任何一个组织的目的只有一个,在仅有的一个目的之下,组织可以有多个目标。企业也是如此,对于企业的目的,大多数人在通常情况下认为应该是盈利、赚钱,即实现股东价值最大化,也有人认为是实现企业员工的福利最大化,近年来,企业应该以承担社会责任为目的等说法也很流行。

其实,市场经济下,无论什么企业,只有当客户愿意付钱购买其商品或服务时，企业利润、员工福利、股东回报及社会责任等才有可能实现。因此，企业的正确的目的就是创造客户。在此，要特别强调的是，企业的目的是创造客户并不意味着企业不需要关心员工，也不意味着企业不需要重视社会责任，而是说企业要具备真正关心员工和承担社会责任的能力，其前提是企业在遵守社会道德和法律法规的基础上要有客户。

当然，目的属于观念层面。因此，一方面，企业管理者需要具备一定的语言交流能力，能够让企业所有人员简单明了地理解企业的意义，以便共同追求和实现企业正确的目的；另一方面，"观念幸相续，庶几最后明"（宋之问《游法华寺》），即观念具有连续变化的特点，企业及其所在的政治、经济、社会和技术等环境的发展与变化也使得人们对属于观念层面的企业目的的认识发生着改变，近些年来，随着互联网技术的发展和应用的普及，企业与市场之间的传统关系发生了改变，众多企业的目的也转变为创造交互式用户。

第 2 章

数字化及其应用

企业管理视角

为社会生产和居民生活提供公共服务的物质工程被称为基础设施(infrastructure),比如交通、邮电、教育、医疗以及水电煤供应等市政公用工程设施和公共生活服务设施,基础设施的建设与应用对社会经济的持续发展具有根本性的作用。

自从世界上第一台通用计算机 1946 年在美国宾夕法尼亚大学诞生以来,包括所有支持数据流动和处理的物理设备以及应用软件集合的数据技术(Data Technology,简称 DT),就逐步成为基础设施的一个主要组成部分。对企业而言,与数据技术及其应用相关的硬件、操作系统、企业软件、数据管理及存储设施、网络通信平台、咨询培训及系统集成服务、互联网等要素就组成了企业的 DT 基础设施。

DT 基础设施尤其是互联网及建立在其上的各种应用对企业的生存与发展带来了巨大的挑战和机遇,互联网是企业数字化的基础。因此,要了解数字化及其应用对企业管理的影响,首先需要把握互联网的基本功能,进而才能理解企业管理需要应变的思维,最后就可以结合企业管理的各个方面开展相应的管理变革。

2.1 企业数字化的基础: 互联网及其基本功能

为了更好地把握互联网的基本功能,需要简单地了解一下网络以及互联网的发展过程。

所谓网络是指通过通信线路将地理位置不同的具有独立功能的两台或多台计算机及其外部设备连接起来,并且在网络操作系统、网络管理软件及网络通信协议的管理和协调下,实现信息传递的计算机系统。而将分布在全球不同地点的网络通过一组通用的协议连接起来,就形成了一个巨大的国际网络,通常被称为因特网(Internet,现常与互联网一词混用),互联网提供了www(World Wide Web,万维网)、电子邮件(e-mail)、文件传输(FTP)等各种应用与服务。

互联网是全球性的,这意味着互联网本身没有所有者,是属于全人类的,任何人都可以与之相连接。互联网上相互独立、平等的若干台智能终端可以互相协作来完成一个共同的任务,或者说一个任务可以通过互联网,在分布在不同地点的多台计算机上并行地运行,也可以进行个性化的信息交换以满足每个人的个性化需求。

自从 20 世纪 90 年代以来，互联网技术及其应用发展迅速，在中国经历了 56K 网速的拨号上网、128K 网速的 ISDN 上网，再进入以兆(M)计速的 ADSL 宽带上网，直至当今的光纤宽带和移动宽带。

所谓宽带本质上是指可以提供上传和下载速度的带宽比较大的网络业务，这里的速度是一个动态、变化的概念，没有一个固定的标准。在实际应用中，宽带就是指运营商的网络，一般而言，家庭宽带为固定宽带，手机等移动终端接入的宽带为移动宽带，用户接入宽带后就可以访问互联网。

近年来，宽带传输的主流载体从铜芯线、双绞线转变为具有传输容量大、传输距离远、传输质量好、损耗小和无辐射等优势的光导纤维(简称光纤)，因此，人们称之为光纤宽带。

随着智能手机等终端的发展，在 PC 互联网的基础上，将移动通信与互联网的技术及其应用融合为一体后，移动互联网逐渐得到发展和普及，移动互联网让人们可以随时、随地、随身连接互联网，以同时传输语音、数字、图像、传真和多媒体等数据。

就移动通信而言，从固定电话进入以模拟技术为基础的蜂窝无线电话系统 1G(第一代，是移动通信的鼻祖)后，经过可以进行语音与文本漫游的 2G(第二代)、无线通信与互联网等多媒体通信结合的 3G(第三代)、数据业务接替话音业务成主流的 4G(第四代)，发展到当今具有超高速率、超大连接和超低时延三大特性

的 5G(第五代),智能手机已经变成一台便携式微型计算机,5G
除满足人类移动通信需求外,开始构建面向"物体"的通信解决方
案,发展成为物联网的通信基础设施。预计 6G 等新一代无线通
信网络的时代也会很快到来。

值得一提的是,在互联网尤其是移动互联网基础上,物联网、云
计算、大数据、区块链、人工智能以及元宇宙等蓬勃发展起来。

虽然互联网得到运用与普及差不多有 30 年了,但是,很多人
对互联网的基本功能"日用而不知"。互联网具有数据传输、资源
共享和分散处理三个基本功能。

(1)数据传输

互联网最基本的功能就是数据传输,在互联网中以字节为载
体的数据传输的成本低到近乎是零,这些数据以及数据的组合通
过计算机或手机等智能终端在人与人、人与机器以及机器与机器
等之间传递的成本也很低,从而进一步降低人与人之间交流的通
道成本,尤其是随着移动互联网的不断普及和升级,沟通也变得
更加随时、随地和随意。在数据传输的基础上,互联网还带来了
资源共享和分散处理两个基本功能。

(2)资源共享

在互联网上传输的数据可以是数字,也可以是文字、图片、声
音、视频等,因此,一切可以表现为这些数据的各种资源都可以在
互联网上进行传递与共享,而且这种共享是跨时空的。比如,上

海的一位医生可以通过互联网视频与拉萨的医生合作为一些病人做手术，而不需要到现场；供应商的计划与生产以及库存信息也可以与客户共享，从而降低了客户对原材料供应的不确定性，反之，客户也可以与供应商共享自己的生产计划和原材料库存，从而增强供应商对自身库存计划的准确性，由此就可以降低整体供应链的库存和成本了。

（3）分散处理

因为可以在线传输数据和共享资源，因此，人们也不需要像从前一样必须集中到一起才能共同工作，无论何时何地通过互联网不仅可以跨国组织语音或视频会议，还可以接入公司系统，处理相关流程中的很多业务。因此，互联网不仅让企业的组织与管理具有了更大的时间和空间的灵活性，而且也让人们有可能不再局限于某一个组织内工作，互联网分散处理的功能带来的"零工经济"（Gig Economy）也成为一种新的经济形式。

韩非子说过："世易则事异，事异则备变。"互联网所具有的数据传输、资源共享和分散处理三个基本功能使得社会、经济和生活的环境都产生了重要的变化（即"世易"），由此人们所面对的工作以及其中的问题也相应地发生变化（即"事异"），那么人们开展工作、处理问题的思维和手段也必须随之而变化（即"备变"），也就是人们必须运用互联网思维来应对互联网带来的环境的变化。在此值得一提的是，因为互联网是企业数字化的基础设施，发展至今，大多数企业也已经接受数字化这一说法，因此，本书后续部分会将互联网思维也称为数字化思维，两者是同一个概念。

当然，有人把互联网仅仅看作一项普通的技术，并不认为有"数字化思维"的存在，有人就说过："蒸汽机时代没有蒸汽机思维，电力时代没有电力思维，数字化时代也不存在数字化思维。"

其实不然，人们当下确实几乎没有蒸汽机思维和电力思维了，可是翻看企业发展的历史就可以知道，在蒸汽机出现的时候如果没有蒸汽机思维，人们就不会把企业搬到蒸汽机附近以运用蒸汽机的动能；在便于传输的电力出现时，如果没有电力思维，人们就不会把企业转移到离市场最近的地方，因为不这样做，企业就会因为效率低下而被淘汰。其实电力所带来的不仅仅是一种取代蒸汽动力的能量源，而且还是一种新的生产和生活方式，比如，电梯让人们可以把楼盖得更高，有轨和无轨电车、地铁等可以让人们把城市拓宽，导致出现了高密度人口的大城市，电影等大众娱乐产业也出现了，因此，电力的出现改变的不仅是经济，还改变了国家的政治形态和社会结构。国家层面也是如此，中日甲午海战中，北洋水师失败的主要原因不是装备比日本人的差，而是清政府将蒸汽机等先进的技术与应用视为"奇技淫巧"的思维。

具有时代特征的互联网改变了工业时代企业的管理思维。

2.2　互联网带来企业数字化管理思维

　　所谓管理，就是计划、组织、控制和协调，管理的这四项基本职能没有改变，但是指导其具体实施的思想在不同的时代并不相同。因为美国管理思想史学家丹尼尔·A. 雷恩（Daniel A. Wren）曾经说过，"管理思想既是文化环境的一个过程，也是文化环境的产物"，具有"开放系统的特点"。

　　无论是在蒸汽机时代，还是在电力时代，信息传递的速度是有限的，大范围的资源共享难以实现，人们需要集中到物理空间的一个组织内才能共同合作。回顾 100 多年的管理发展史，基本上都是基于亨利·法约尔（Henri Fayol）提出的计划、组织、控制和协调这些管理职能来定义管理的，管理的核心在企业内部，企业对一切拥有选择权。因此，一直以来，企业不仅需要与组织的僵化做斗争，而且与外部资源特别是用户也是相分离的，企业与外部资源及用户不是相互合作的，而是相互博弈的。解决组织僵化、相互博弈等问题又成为管理的主要工作。

　　数字化时代，企业开展计划、组织、控制和协调等职能的指导思想与完成方式被来自互联网的数据传输、资源共享和分散处理这三个基本功能颠覆了，所带来的思维分别就是：快速、合作和开放。如图 2.1 所示。

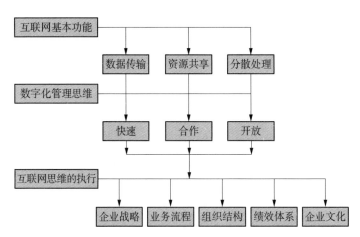

图 2.1 互联网基本功能及其对企业管理思维与实施的影响

（1）快速

过去的年代,人们因为缺吃的,所以见面的问候语是:"吃过了吗?"而现在的见面问候语则大多是:"最近忙吗?"推动现在人们"忙"的背后的主要力量其实就是互联网,尤其是移动互联网技术及其应用。客户与厂商之间、厂商相互之间、厂商内部部门之间以至员工之间基于互联网的沟通 7×24 小时在线,在移动互联网环境下,任何环节的信息交换都被极速化了。

而信息交换是一切社会与商业活动中的基本活动,带来信息交换极速化的互联网技术也由此不同于以往对社会和商业产生影响的技术。珍妮纺纱机作为一项新的技术开始应用一直到改变纺织行业，再到后来被定义为工业革命的肇始，并影响全球经济的格局，其跨度有几十年的时间，而今天互联网技术对传媒业、金融业、旅游业、零售业、餐饮业以及出租车等行业，从开始应用到摧毁传统模式往往只有几年的时间。因此，相对于工业化思维的数字化思维第一个要素就是"快速"。

另外一个方面，互联网技术还在迅速变化之中，互联网的最佳应用方式也因为快速变化而显得非常模糊不清。一个典型的例子就是社交媒体的发展，从电子公告板（Bulletin Board System，简称 BBS）、微博、微信、小视频到元宇宙等等，变化的速度越来越快。因此，企业除了不断实践并在实践中持续学习、迭代以外别无选择，那些在实践中脱颖而出的应用模式可以为一些企业带来阶段性的最大报酬，而且一旦有企业的某种应用方式获得成功，人们就会从中总结出相应的所谓商业模式。过去由于商业模式是建立在相对稳定的技术基础（如铁路、电力）之上的，因此，人们可以从容地借鉴甚至模仿、拷贝那些成功的商业模式；而今天的数字化技术发展变化之快，让人们还来不及深刻理解某种商业模式，它就又升级迭代了，这让那些"高仿品"成为明日黄花。例如，在 2020 年新冠肺炎疫情期间，很多企业开展了网络直播带货的业务，然而大多数企业不仅没有盈利，反而亏损不少，很快就又偃旗息鼓了。而格力电器的董事长董明珠女士通过数字化手段，不断改变企业的管理，包括通过明确用户的来源而及时体现经销商的销售业绩、改变企业内部运营模式以及绩效管理体系等,运用直播方式,一次就为格力电器带来一百多亿元的销售额,如图 2.2 所示。因此,互联网带来的"快"还需要扎实的管理基础的支持。

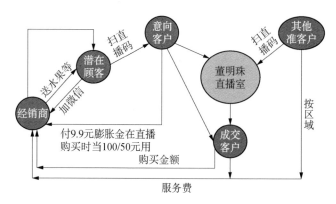

图 2.2　格力电器董明珠直播带货模式

从 BBS 到元宇宙的发展可以看出,互联网的一种应用从出现到渗透进社会生活各个领域中,再到新的模式,经历的过程很短,发展的速度很快,一方面促使互联网环境下的客户对速度有了"贪得无厌"的需求,另一方面也让一些企业的成功因素变成了创新发展的阻尼,也就是克莱顿 • 克里斯坦森(Clayton Christensen)所讲到的"创新者的窘境":一个技术应用领先的企业在面临快速发展的突破性技术时,会因为对原有生态系统的过度适应而导致失败。现在很多传统行业的企业,包括互联网领域的企业,都面临着这种状况,比尔 • 盖茨曾经说过:"微软离失败总是只有 18 个月的时间。"百度公司的创始人李彦宏也曾说过:

"别看我们现在是第一，如果你 30 天停止工作，这个公司就完了。"因此，快速成为企业数字化思维的第一要素。

（2）合作

互联网的资源共享功能带来的一个思维就是合作，使得企业可以围绕用户的需求，与包括用户在内的各类资源开展合作，建立"端到端"的能力，以最大程度地满足用户的需求。

亚当·斯密 1776 年在《国富论》中讲述了自己曾经见过的一个 10 人扣针小厂情景：一个没有受过专业训练的工人一天肯定不能制造出 20 枚扣针来，但是，如果把制针业务分成 18 道工序进行分工和专业化，这 10 个工人平均每天可以制造出 48 000 枚扣针，斯密由此得出结论："只要能采用劳动分工，劳动生产率就能成比例地增长。"分工越细，单个工种的效率就越高，但整体效率却不一定高，因为存在着英国经济学家罗纳德·科斯（Ronald Coase）1937 年在《企业的性质》（*The Nature of the Firm*）中所描述的"交易成本"，即在需要完成一项特定工作时，临时在公开市场寻找合适的雇员或供货商，就需要开展价格谈判、过程监督和保护商业秘密等工作，由于信息不对称等因素而使得这个过程不仅复杂，而且成本也很高。因为能够降低相关的交易成本，企业这种组织也就有了存在的理由。

然而，自 1991 年科斯获得诺贝尔奖开始，维护维基百科（Wikipedia）、创建 Linux 以及后来的 Android 操作系统等复杂任务对企业组织的依赖度却越来越小，因为互联网使得交易成本快速下降，从而让身处不同国家的人们具有了合作完成许多复杂工作的能力。唐·泰普斯科特（Don Tapscott）等在《维基经济学》（*Wikinomics*）中就提到了"大规模合作"（mass collaboration），他们相信企业的等级制度将会消亡，个体之间能够实现相互的合作，从而创造出"一个新时代，甚至可能是一个黄金时代，一个堪与意大利文艺复兴或古雅典的民主政治相提并论的时代"。正如纽约时报著名专栏作家托马斯·弗里德曼（Thomas Friedman）在《世界是平的》（*The World is Flat*）一书中所说的：互联网成为改造企业运营模式、打破地区限制和时间限制的全球化的主要推动力量，使世界的格局骤然变平了。

对很多传统企业而言，一旦采取合作的思维，企业的内外边界就会被打破，青岛海尔就是一个近年来不断以互联网思维进行转型的典范。其获得国家科技进步二等奖的"海尔开放式创新体系"，核心就是"全球都是海尔的人力资源和中央研究院"，应用该体系推出的 3D 冰箱，就是与全球一流资源合作而快速打造的，其用户研究来自德国和法国的团队，节能设计来自海尔团队，保温系统来自德国陶氏，光源照明来自韩国三星，制冷系统则来自巴西。

合作给小米集团带来的就是专注。小米集团自己并没有工厂，但他们可以找世界上最好的工厂合作，而让自己专注在有限的产品设计、打造生产供应链等工作上，将每一种产品做到极致，也使得 2010 年才成立的小米集团在 2019 年就进入《财富》世界五百强行列，成为世界上进入五百强速度最快的一家企业。

（3）开放

比尔·盖茨 1996 年在《未来之路》(*The Road Ahead*)一书中把互联网称为"无摩擦资本主义"的基础和一种使市场更加符合亚当·斯密理想的完全竞争市场的商业基础设施，认为互联网会将终结全球的中间商，让顾客更加容易地对自己所需要的商品和服务的价格与质量进行多方比较，这样就把主导权从企业一方转移到了顾客一方，也使得供应商之间展开了更加广泛和充分的竞争，互联网成为消费者的天堂。

比尔·盖茨提到的这个结果就是由互联网的分散处理功能所带来的，分散处理使得人们都成为信息的生产者和传播者，每个人都是网络中的一个信息对称、相互平等的中心，媒体的垄断基本被打破了，消费者同时成为媒体内容的生产者和传播者，企业难以再通过媒体单边单向的、广播式的行动来诱导用户的行为了，而且更大的权力转向了用户一边，原来以企业自我能力为中心的思维就这样必须开放了，并且开放的思维还必须以用户为中心。

本书在上一章讨论过，以用户为中心，本来就是企业的意义。然而，传统环境下信息交换的速度和丰富度都决定了企业很难把握也很难满足用户的个性化需求，"以用户为中心"的思维传统上还是以大规模标准化生产、大规模销售为中心的,企业心中难以刻画一个个具有独特个性的客户需求。

　　实际上,现在的用户不仅仍然看重价格、质量和便利等传统的因素,还需要得到信息、服务、身份等个性化的满足,因此,在消费过程中,每一个客户的内心都渴望平等透明、民主参与和自由轻松。当今的移动互联网、物联网、社会化网络和大数据等技术的出现,让用户的这些需求与渴望得以实现,用户的移动性(mobile)、社交性(social)、当地化(local)和个性化(me)等特征,不仅使得他们的行为一展无遗,而且也使得用户与用户之间、企业与用户之间沟通的渠道变得更为通畅,让企业从感知用户需求一直到产品和服务的构思与设计、研发与生产、营销与服务等,都可以充分应用社会化网络系统(Social Network Systems,简称SNS)、基于地理位置的系统(Location-based Systems,简称LBS)等让客户全流程互动参与,并通过数据挖掘(Data Mining,简称DM)、知识管理(Knowledge Management,简称KM)等技术汇集客户的智慧,最终通过线上与线下结合(Online to Offline,简称O2O)的方式来满足用户的需求。

　　由此可以看出,互联网表面上看起来改变的是交易或物流方式,实际上改变的是人们的生活方式,以及企业与用户之间的交互方式,企业面对的也不再是一个大众市场,而是各具特色的一个个小众市场。认识到这一点,顺应这种变化,企业就必须要开放转型,否则传统上越有优势的企业,就越有可能被客户所抛弃。

　　海尔前首席执行官张瑞敏先生多年前就认识到了这种趋势，认为在传统经济时代，信息不对称的主动方在企业，而在互联网时代，信息不对称的主动方变成了客户，客户在互联网上看到所有的产品信息，决定自己要哪个产品，企业因此变成了被动方，企业就必须要主动了解客户到底要什么，保证客户在选择的时候能够选择到好的产品。因此，企业面临着的就是怎么样从"大规模制造"转变成"大规模定制"这样一个挑战。为此，海尔提出一个"交互用户"的思维：一是创造互联网社区，让用户自愿来交互；二是推动用户之间的自动交互；三是海尔从交互中寻找自我增值的机会。在这种思维指导下，海尔近年来一直走在全面转向平台战略的道路上，当然，海尔所要的平台，不仅仅是与用户以及各类实体之间的交易平台，更多的是与用户之间的交互合作平台。比如，海尔的卡奥斯（COSMOPlat）平台就提供了"立刻设计我的家"和"专业设计师"开放平台，以便在产品上市之前，就把解决方案在网络上提出来，让客户参与互动和设计，实现买家的个性化创意（即 C2B 定制预售模式），通过与用户的深度交互融合来把握用户真实的需求，然后在全球范围（也包括海尔内部）内寻找和组织资源来满足这样的需求。

　　海尔在互联网平台下的业务管理模式也因此就是开放式的，而传统的管理基本上是封闭的企业内部管理，外部的人员很难顺畅地加入企业的业务流程中。其实，开放思维下的类似模式除了青岛海尔外,还有一些企业也正在实践,比如宝洁公司就有很多的社交平台管理产品研发,当企业有什么样的需求时就通过平台发布出去,任何人都可以提出建议,建议一旦被采纳就支付报酬,没有被采纳就不付钱。这种开放模式不仅可以为企业提供全球客户的智慧,而且也能带来客户的直接购买。

互联网的数据传输、资源共享和分散处理这三个基本功能带来了快速、合作和开放等数字化思维,这些思维之间实际上也是相辅相成的,企业通过快速和合作来实现"以客户为中心"的开放模式。为了实现快速和开放,企业就必须与有优势的伙伴进行合作,借由合作和开放实现有效的快速。

2.3　企业对数字化管理思维的具体应用

一般而言,管理是观察、总结和行动,而不仅仅是思想、分析和规划,能够表达出来的思维其实是浅显的,关键是如何将思维落实到企业的具体运营中。至于数字化管理思维在企业具体运营中的落实,可以从企业战略、业务流程、组织结构、绩效体系和企业文化等几个方面来开展。

（1）企业战略

在数字化时代，由摩尔定律、梅特卡夫法则、马太效应以及吉尔德定律等体现的技术快速发展规律的作用，使社会经济的发展也呈现出显著的快捷性和不确定性，这也让一些人贸然得出企业战略思想正在过时的结论。基于这种结论，似乎企业的成功完全取决于其机动与灵活，企业家们不再需要做长远的思考，需要的仅仅就是观察和聆听，在市场上一旦发现成功的企业，或者听到某个点子，就立即行动加以模仿与实施。然而，若干年来，鲜见完全靠模仿以及一个点子而获得成功的案例。

小米集团的雷军先生是互联网思维的倡导者和实践者，他回顾小米的发展历程时曾经说到，在 2004 年将其创建的卓越网卖给亚马逊后，他思考了五六年才得出互联网不仅仅是工具而且是一种思想的结论，并认为互联网最核心的就是七字诀：专注、极致、口碑、快。在这样的思维和战略指导下，小米于 2011 年进入手机市场，在 2013 年全年销售小米手机 1 870 万台，含税销售额 316 亿元，在当年的 12 月销售手机就达到 322.5 万台，含税销售额 53 亿元；到 2021 年全年总收入和净利润分别达到人民币 3 283 亿元和 220 亿元。能说小米今天的成就不是雷军的长远思考所坚持的战略带来的吗？张瑞敏先生多年来在不同场合阐述其互联网的思维，从市场链流程再造，到组织的"倒三角"等，海尔一直处在转型变革之中，带来的业绩是：从 2007 年到 2021 年，海尔的全球收入从 1 180 亿元逐年增长到了 3 327 亿元,尤其是海尔的年度利润复合增长率达到了 38%,是收入增幅的两倍多。可见,小米集团和青岛海尔的成功都应该归功于其战略的稳定性,而不仅仅是战术的灵活性,这两家企业也不只是通过互联网才建立了自己的优势的,而是更多地依靠独具创新战略眼光的企业家才能和严密一贯的商业战略规划,为企业做好战略定位,从而获得数字化思维下的战略优势。

当然,当今数字化思维下的企业战略与以前相比有着本质的区别。首先是出发点不同,以前是产品,现在是用户,从产品设计到体验和品牌传播等全过程,都需要开放给用户参与;其次是企业战略的资源观不同,以前是以企业自身拥有的资源为战略能力的限制,而现在则是以能够合作的全球资源为企业战略边界;最后就是能够对用户需求变化做出及时反应的快速战略特色。

再进一步仔细回顾和分析青岛海尔 2003 年开始的市场链流程再造战略,就可以发现其中已经充分体现了数字化思维。市场链流程再造以订单信息流为起点,这就需要首先与客户互动,了解客户的需求,然后确定开发、生产的产品,周而复始,改变了传统制造业以产品为中心的模式,亦即企业经营的是客户而非产品。因为客户的需求(即订单)需要快速满足,所以,海尔要及时完成订单就必须融合品牌商、上游供应商、工厂、渠道等供应链伙伴,开展并行、无缝的合作。

（2）业务流程

其实,无论多么好的战略都需要依靠业务流程的运营和组织架构的保障,才能达到预定的绩效目标。

传统的分工理论所带来的是个别作业效率的提高以及稳定的金字塔科层式组织架构,但同时也带来了本位主义、忽视整个业务流程、跨部门合作困难以及管理层次重叠、管理盲点频出等问题,以前因为环境的变化并没有像今天的互联网时代那么快,因此,企业对这些问题可以有一个慢慢认识和逐步解决的机会,但是今天这些问题最终带来的市场反应迟缓可以让任何一个优秀的企业在短期内遭受灭顶之灾。

企业的目的是创造用户,但是有很多人认为企业为用户创造价值的是企业的市场部门,也有人认为是企业中所有部门共同为用户创造了价值。其实,企业为客户创造价值的不是企业的哪个部门或者哪个岗位,而是企业完整的业务流程,只有当一个完整的流程完成之后才能将产品或服务递交给客户,而组织是业务流程得以顺畅执行的保障。因此,企业管理者必须要树立"先有流程,再有组织"的观念。而且最好的流程不应该是企业说了算,而应该是用户说了算,合适的流程应该是与用户之间的距离最短的流程。

数字化思维下的业务流程与传统的业务流程相比,最重要的区别就是能开放给用户和合作伙伴,使他们可以顺利地参与其中以共同满足客户的需求,体现出快速、合作和开放的特点。参与并不是简单地建设一些社区或论坛,而是需要企业的整个价值链中的各项活动都能适应这种新的模式。建立了这样的流程的企业其实就成为一个平台型企业了,在这个平台上通过与客户、供应商等各方的互动、协商、合作和整合来满足客户的需求。

(3) 组织结构

一个企业有效的业务流程所依赖的组织结构包括内部的职能部门、岗位和任务,外部的合作伙伴和战略联盟,业务流程决定组织结构,组织结构又决定了业务运作的方式。一方面,互联网让企业内部的沟通更加顺畅和直接,因此,对企业内部传统的等级制度产生巨大的冲击;另一方面,互联网使企业之间的协调工作变得更加容易,也让企业之间的合作变得更加广泛,数字化对传统企业的最大影响就是模糊了企业的边界,让企业相互之间可以共享人力和客户等各类资源、共享供求和库存等信息,并且融合业务过程。

因此,大而全、等级分明的企业组织结构是很难贯彻互联网思维的。青岛海尔在市场链流程再造的基础上,将"正三角"组织变为"倒三角"组织,并且将数万员工分为数千个"自主经营体",进而又发展到"人单合一"管理模式。无独有偶,阿里巴巴也一直对企业组织进行扁平化调整,马云曾经在发给全体员工的一份邮件中写道:"组织变革的一个方向是把公司拆成'更多'的小事业部来运营,我们希望给更多年轻的阿里领导者创新发展的机会。我们不仅仅需要看见相关业务的发展和团队、个人的成长,更希望看到他们通过各自的小事业部的努力,可以把我们的商业生态系统变得更加透明、开放、协同和分享,更加美好。"

无论传统企业青岛海尔,还是消费互联网企业阿里巴巴,对企业组织所开展的去等级化变革,其结果就是在企业内部形成了一个平台机制,这种机制保证了企业所有人员都盯着市场,共同协作,快速满足客户的个性化需求。也就是张瑞敏先生总结的企业未来三个发展方向:企业平台化(即企业无边界)、员工创客化(即管理无领导,每个员工都是一个创客)、用户个性化(即供应链无尺度)。

(4)绩效体系

绩效考核体系体现了企业整体战略上的思维,不仅应该随着战略的变化而变化,而且还会随着具体的绩效变化而变化,因为绩效考核就像一只看不见的手在指导和协调员工及其行为,以实现企业既定的战略。

适应互联网时代碎片式的小订单和高频次的节奏,企业绩效体系最重要的体现就是快,落实到具体指标上就是周转率。著名时装品牌 ZARA 与传统的企业每季将上千件的服饰陈列在货架上相比,在较短的时间内仅上架少量产品,针对消费者的真实购买行为做出反应,迅速生产大量的畅销产品,同时直接剔除那些滞销的产品,这样不仅避免了库存,而且可以应对客户需求的快速变化。借助于这样的思维,ZARA 的库存周转率大约为每年12 次,而中国优秀的服装企业只有大约 3 到 4 次。

值得一提的是,人们将 ZARA 的这类做法也称为互联网思维下的迭代战略,即在产品或服务达到阶段性完善的前提下,快速推向市场,依据客户的体验和需求反馈不断加以完善升级,在持续迭代中快速完善产品,小米等手机的高频率迭代,以及许多App 的迭代开发,也就是这个战略。既要保证市场不缺货,又要避免库存,就像在薄冰上滑一样,为了保证不掉入冰窟,唯一的策略就是快速。

(5) 企业文化

达尔文在《物种起源》中说到,在这个世界上能够生存下来的,并不是那些最强壮的,也不是那些最聪明的,而是那些对变化做出反应最快的。

回顾过去,一批又一批成功的企业消失了,不是因为他们规模不够大,也不是因为他们资金不够雄厚,而更多地是因为从创始人、董事长、高管一直到所有员工,整个企业没有具备达尔文所说的那种对环境变化有快速反应的思维以及能力。当今只有整个公司将传统的工业思维改变为互联网思维,并使其成为企业上下所有人的思维习惯,才能真正转型为具有互联网基因的企业。比如,传统媒体广告无法与客户之间进行交互,如果企业基于"无价值交互平台的交易都不应存在"这样一个数字化思维,那么很多企业的市场营销方式和手段都会彻底地改变。而在与客户的交互中把握客户的一个个活生生的需求,才能把"以客户为中心"落实到行动中,其实一旦与客户开展交互,就会在交互中发现客户的各种需求,企业为了满足客户的需求就会跨界,因此,现在很多产业的边界也变得模糊了。

2.4　本章小结

数字化给企业带来挑战和机遇的关键是互联网,在互联网尤其是移动互联网基础上得到普遍应用的物联网、大数据、云计算、人工智能、区块链以及元宇宙等加速了企业的变革,应对数字化带来的企业变革需求的不仅仅是这些技术,更多地应该是相关的思维。因为"工欲善其事,必先利其器","事"(即企业的需求)在"器"(即相关的数字化技术)之前,即"道者,器之先",物理上的数字化技术包括互联网其实只是一种"器",这种"器"在今天可以为大多数企业低成本获得。

曾经在 2003 年 5 月《哈佛商业评论》上发表《IT 不再重要》("Does IT Matter?")一文的尼古拉斯·卡尔(Nicholas Carr)在

《冷眼看IT》(*Does IT Matter? Information Technology and The Corrosion of Competitive Advantage*)一书中指出,技术可以分为专有技术和基础性技术,专有技术可以为企业带来竞争优势,但由于技术的可复制性,任何专有技术最终都将演化为基础性技术,即所有企业都可以共享的技术,一旦一项技术成为基础性技术,它便无法再为企业带来竞争优势。然而,对于数字化技术而言,尼古拉斯·卡尔的这个断言并不成立。

当今的数字化技术看起来也已经变成了一种基础性技术,包括云计算、物联网、大数据等都能为大多数企业所应用,但是应用的成效却大为不同,主要的差异还是在指导其应用的思维与执行力两个方面。互联网既是技术也是工具,更是一种思维,正是这种思维,改变着人们的生活,也让企业现有的实践活动不可避免地变得不再合理,问题在于,这种不合理可能会让当下成功的企业衰败,因为这些企业缺乏应对市场破坏性变化的思维。

第 3 章

数据要素

企业的意义与应用

自 20 世纪 40 年代计算机被发明以来,数字化技术在社会、经济、生活以及政治等各个领域都得到了应用与普及,信息也与物质材料和能源并列成为人类社会发展的三大资源,伴随着互联网尤其是移动互联网技术与应用的深入,数据以及在数据基础上产生的信息和知识等逐步成为一种新的基础性和战略性生产要素,数据生产要素的运用被认为是优化经济结构的重要推动力。因此,继农业经济、工业经济之后,数字经济作为一种新的经济社会发展形态就出现了,而且,数字经济与实体经济持续深度融合,数据的应用已经给企业生产、市场流通、顾客消费、生活方式、社会分配、经济运行以及国家治理等都带来了巨大的影响,人类社会进入了数据生产力时代。

　　数据作为一种生产要素,有生产采集、传输存储、处理加工、计算分析和交易应用等活动,相应的技术都已具备并不断进步成熟。然而,现实中除了一些消费互联网企业能够比较充分地运用数据要素外,大多数企业还没有真正意识到数据是重要的资产,更不用说把数据作为生产要素加以应用了。

那么,企业如何理解数据要素这个概念呢?与传统生产要素相比,数据要素呈现出哪些新的特点呢?企业又如何更好地把握这些新特点而加以有效应用呢?本章将讨论这几个主题。

3.1　从企业的发展认识数据是生产要素

近年来,人们一般都比较重视人均 GDP(Gross Domestic Product,国内生产总值)的年平均增长率,并且把投资、消费和出口比喻为拉动 GDP 增长的"三驾马车",而"三驾马车"其实都是短期历史(如一个季度或一年)的需求侧数据(其中"投资"同时也是供给侧数据),涉及现有生产能力在过去一段时间内的利用率,在短期内 GDP 增长率的变动属于经济波动。

企业的经营和发展虽然与经济波动相关,然而与经济增长更加相关。经济增长是指在一个较长的时期内,一个国家或地区多样化产品和服务供给能力的持续增加,直接由资本投入(投资)、人力资本积累(劳动力)和全要素生产率的提高(技术进步)三个供给侧的动因所决定,涉及生产能力的扩张。所谓全要素生产率一般是指各要素(如投资和劳动力等)投入之外的技术进步及其能力实现等所带来的产出增加。1987 年诺贝尔经济学奖获得者索洛(Robert Merton Solow)就发现,相同的资源会因为全要素生产率的不同(即"索洛剩余")而带来不同的产出,因为,一方面科技进步本身就可以带来更多的产出,即"技术效应",比如 5G 技术的发明与推广应用就可以为市场带来大量的基站、终端等相关产品的需求;另一方面,科技进步带来的生产关系和资源配置方式的改变也可以提升资源的利用率,即"配置效应",比如 5G 技术的应用就为企业实现个性化定制、柔性生产、协同制造、远程诊断和预测性维修等新业务模式带来了突破性的进展和效果。因此,"技术效应"和"配置效应"能够带来经济增长。

就微观经济主体的企业而言,传统的生产要素包括资本、劳动力、土地和技术,从改革开放到今天,我国经济经过 40 余年的高速增长,资本、劳动力和土地这几个企业生产要素的供给都遇到了成本与增长的瓶颈,资金紧张,招工困难且用工成本越来越高,市场和客户对产品的质量以及社会对环保的要求越来越苛刻。因此,企业传统的发展模式需要转型升级,技术要素的重要性凸显。

与 18 世纪的蒸汽机技术和 19 世纪的电力技术所带来的两次产业革命一样,发轫于 20 世纪中叶的信息技术也带来了一场新的产业革命。然而,与前两次产业革命不同的是,信息技术尤其是以移动互联网、物联网、云计算、大数据、人工智能和区块链等为代表的新一轮信息技术,不仅能够融合具体的产品和服务,使得产品和服务数字化而提升其价值,同时还能够通过数字化,端到端地直接连接世界各个国家的各个行业、各个企业以及具体用户的生产交易过程。数据由此体现出了企业要素的明显特点,在设计、生产、交易和消费等各个环节,数据作为要素与资本、劳动力、技术等其他传统要素融合在一起,就可以创新出数据资产等"新资本"、智能算法应用等"新劳动力"、人工智能等"新技术",而且数据还能够与其他生产要素持续地组合迭代和交叉融合,大幅度提升全要素生产率。

随着新一轮信息技术的应用普及,数据也出现了爆发式的产生、沉淀与增长,而且不同于资本、劳动力以及物质材料、能源等,数据可以被共享而不影响原来的所有者对数据本身的拥有,加之人工智能等技术也极大地提高了数据处理的效率,大幅度降低了处理成本,海量数据可以被不断分析、再生与应用,且不存在效用递减等问题。也就是说,人类需要解决的智能问题背后其实是数据问题,在数据量及其处理能力欠缺的时代,计算机很难解决人类所擅长的智能问题,而今天一场新的智能革命就开始了。如图 3.1 所示。

因此,数字化成为这一次产业革命的核心,通过数字化不仅能够快速优化配置企业的要素资源,提高生产力,而且也让信息产业的"技术效应"连续高速增长了数十年,从而带动了世界经济高速向数字经济新形态转型升级的发展趋势,数据成为数字经济的核心基础。故而人类有史以来,在世界经济发展以及企业市场竞争的环境中,数据第一次作为关键生产要素之一而产生巨大价值,掌握和利用数据的能力成为未来决定企业竞争优势的关键因

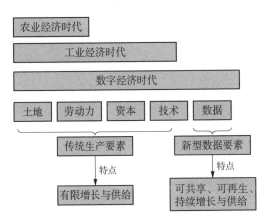

图 3.1 随经济形态升级的生产要素变化

素。在此背景下，中共中央、国务院 2020 年 4 月发布的《关于构建更加完善的要素市场化配置体制机制的意见》就将数据和土地、劳动力、资本、技术等传统生产要素并列，明确了数据这一新型生产要素的重要地位。2021 年出台的我国"十四五"规划和 2035 年远景目标纲要进一步提出，要充分发挥海量数据和丰富应用场景优势，建立健全数据要素市场规则。

3.2 数据要素在企业发展中发挥作用的三个层面

随着 ICT(Information and Communication Technology，数字

通信技术)的发展与应用,至今数据作为要素在企业的以下三个
层面发挥作用。

第一个层面:以有效地提高企业运营效率、降低企业经营成
本为目标,应用信息系统提升企业经营管理中的信息透明度,改
进企业的业务流程。在企业研发、生产和销售的过程中应用典型
的信息管理系统包括:产品生命周期管理(Product Lifecycle
Management,简称 PLM)、制造执行系统(Manufacturing
Executive Systems,简称 MES)、供应链管理(Supply Chain
Management,简称 SCM)、企业资源计划(Enterprise Resources
Planning,简称 ERP)、客户关系管理(Customer Relationship
Management,简称 CRM)以及计算机辅助设计(制造)(Computer-
Aided Design,简称 CAD; Computer-Aided Manufacturing,简称
CAM)等,对业务流程中的信息进行收集、存储、处理和应用,最
终实现企业生产力和战略敏捷性的提升。如图 3.2 所示。图中
的 BOM(Bill of Material,物料清单)可以理解为产品的"配方",
是各种信息系统的基础。

上述各类信息系统基本都是应用在企业内部的,尽管某些产
业链核心企业的 SCM 和 CRM 等系统会为上下游的商业伙伴留
出交换信息的接口,但是系统具有严格的业务流程和明确的企业
边界特征。

在全社会推进各种信息系统应用的过程中,人们逐步认识
到,信息是一种资源,并且还具有可共享与可再生等特性。比如,

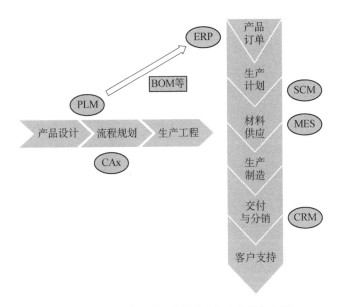

图 3.2　有效提高效率、降低成本的企业信息系统

供应链中具体的原材料与商品虽然具有明确的权属,但是相关的物流信息、资金流信息可以在上下游之间进行共享,通过共享信息就可以有效地降低不确定性,进而降低为了应对不确定性而准备的库存,当然,还可以通过对历史信息进行分析处理,做出更准确的预测,最终降低企业成本并提升效率。

　　数据和信息的语义内涵有所不同,信息其实就是有用的数据。在此值得一提的是,长期以来,由于数据的采集、存储和计算的能力与成本的限制,人们只能有选择地对信息加以处理和应用,即对数据选择和应用是存在"守门人"的,因此,常常就会出现信息不全面、不真实、不及时、不统一和不归一等问题。随着计算能力如摩尔定律所揭示的那样以极高的速度提升，特别是互联网的宽带化以及移动互联网、物联网、云计算等技术的成熟与普及，一方面，数据的产生速度加快，及时获取数字、视频、图片、语音等各类数据并加以集约化处理的成本和能力有了大幅度的改进，因此，在万物互联中形成的大数据就可以得到一次性采集和反复处理应用了；另一方面，来源于各个方面、各种维度的数据开始相互关联交叉，也形成了关联性很强的网络关系。所以就出现了大数据的概念，发展至今，在特定的语境下，数据和信息这两个词可以互换使用而不会使人产生误解。

　　对于大数据的理解，人们常常概括为 4 个 V，即除了体量大（volume）以外，还具有多样性（variety）、快速性（velocity）和价值性（value）的特点。当然数据并不会只因体量大就一定会有价值，例如，仅仅记录全世界所有人的出生日期这个数据就很大，但是这项数据虽然能给出人口的年龄分布，但是其他信息就很少了，而年龄的分布只需要传统的抽样统计就可以得到。大数据的多样性则包括了数据格式的多样，如数字、文字、图片、图像、音频等，这些数据可能是结构化的，但是大多数是非结构化的。大数据的快速性又意味着时效性，即数据的变化速率越来越快，如果说以前是按天来处理数据的变化，那么今天就是按秒甚至毫秒来处理变化的数据了。大数据的价值性是指其价值密度一般而言较低，即数据中有价值的只是一小部分，比如通过设置在马路中的监控摄像头识别违法的车辆,也许很长一段时间的视频文件中只有几秒钟的违法镜头。

　　第二个层面：应用信息技术使得产品和服务数字化,实现了直接与最终的用户保持在线连接。比如,在电冰箱中嵌入电子和通信功能后,冰箱就成为物联网技术应用的一种产品,也就从一种家用电器转变为数字式的互联网智能终端设备。不仅企业可以知道冰箱的用户是谁,而且相关食品企业等也能知道用户的具体需求了,甚至冰箱的维修保养也从单一的上门服务变为远程软件人员的工作。当日常用品都变为诸如互联网冰箱一样的产品后,数字化计算就无处不在了,所谓的普适计算就会逐渐成为现实,当然,无处不在的计算呈现的不仅仅是数字化技术的种种应用,也会促使企业超越传统的业务甚至产业边界,如图 3.3 所示。

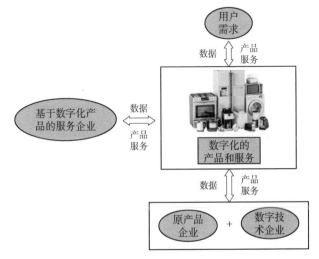

图 3.3　产品与服务的数字化让数据成为一种生产要素

比如，以前冰箱企业生产产品，与客户之间是产品买卖关系，一个产品一次性交易结束后基本就不再有联系了，当今，冰箱的数字化就使得企业转型为满足用户需求的服务型企业成为可能，与用户之间可以建立起终身服务的关系，围绕用户使用冰箱的各类需求持续性地提供服务。企业的目标就是真正地满足用户的需求而不是推销产品了，也就使得企业的业务边界大为拓展，收入也因此会得到增加。所以，数字化技术的应用就超越了对效率和成本的影响，产品和服务的数字化程度与企业持续运营及其绩效水平之间建立起了密切的关系。

其实，产品和服务的数字化带来的上述变化，基础都是"一切皆为数据"，在为冰箱用户提供服务的企业面前展现的是数据，企业依据数据提供精准的产品和服务。数据真正地成为企业的一种生产要素，战略资源也就从冰箱制造企业（例如：海尔、美的等）和新鲜食品提供商（例如：超市、菜场等）转移到了软件和其他数字技术的生产商（例如：华为、谷歌等）以及基于数字化产品的服务企业（例如：新鲜食品的生产者与服务者——农民、渔民等）那里，冰箱中的食品是否腐败或超过保质期，以往都是依靠人们的肉眼看外观和保质期标识加上个人经验等，而现在数字化冰箱就可以提供个性化的自动提醒功能了。因此，数据、产业（机器）和服务（人）这三者有史以来第一次大范围地融合为一个整体，原有的产品生产企业如果顺势而为地转型升级，不仅可能始终位于价值链的核心地位，而且还能以全新的视角来发现新的商业机会、重构新的业务模式和拓展新的业务范围，从单一的产品企业转变为产品加服务的平台型企业，同时基于数据要素以及算法治理，将传统的难以规范的众多服务"工业化"为模块化的标准敏捷服务。

类似于数字化冰箱产品带来市场的变化，在线的数字化汽车、数字化机床甚至数字化车间等同样也会带来出行、零部件加工和企业制造模式的变革，原产品生产企业的业务模式也转变为实体产品和软件产品一体化的服务型企业。当数字化的产品与服务使得数据成为一种生产要素时，一方面会带来众多复杂性的挑战，包括源头数据的确权与管理的复杂性、业务流程变革的难度等，另一方面，需要构建支持产品和服务运行模式的企业平台及其生态系统等，加剧了产业结构与底层经济结构变迁的复杂性和动态性。

第三个层面：具有超大连接、超高速率和超低时延等特征的5G 的应用普及，为人们打破现实世界中固有的藩篱、重塑相互之间的关系提供了技术手段，在现实世界的社会、经济、文化和生活等各个领域中，企业与政府、企业与企业、企业与用户以及各种组织内部等的互动就可以从物理世界迁移到数字世界，在新的数字世界中产生宝贵的数据资产。如图 3.4 所示，融合现实世界与数字世界的数字孪生（Digital Twin）技术将会得到更大范围的应用，数字孪生技术运用虚拟的方式不仅可以实时地精确映射现实对象和业务流程，而且还能创造性地模仿未知的事物，特别是与

AR/VR(Augmented Reality/Virtual Reality,增强现实/虚拟现实)技术结合后,所有的场景都会栩栩如生,完全区分真实生活与数字生活将变得困难,企业新的平台和生态等形态将从消费互联网领域大范围地延伸到产业互联网领域。

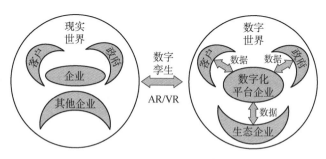

图 3.4　现实世界的数字化呈现

回顾企业组织的发展历史,可以发现其通常是通过纵向整合来扩大自己的规模、增强自身的竞争优势。然而,自从 20 世纪 90年代互联网出现后,一些具有优势的企业通过建立供应链管理系统与上下游企业开展合作,不过这样的供应链受数据流动的制约,在一段时间内一般是静态的,而建立在静态供应链基础之上的经典分析、计划和执行模式更适合预测准确度较高的相关企业。然而,对当今的大多数企业而言,其供需环境动态复杂,难以预测,因此,一些平台型企业近年来与其供应商之间的一系列关系就变成了协作和动态模式,即与多家供应商的关系不断变化、共同发展,围绕着用户的需求形成了一个新的生态系统。比如,小米对使用其商城的企业的投资或其他关系就是一个远远超出其供应链的生态系统；海尔围绕用户冰箱的使用，通过产业金融对相关企业进行整合，让一些鸡蛋、肉牛等生产与供应企业以及政府的监管部门都成为自己生态系统的一部分，跳出了其传统的供应链体系，这样的生态系统也打通了传统的产业边界，形成产业互联网体系。

由此可以看出，当今企业的业务边界既可以由企业的能力所决定，也可以由企业的供应链整合能力所决定，还可以由平台型企业生态系统对用户需求的最大化满足能力所决定，如图 3.5 所示。其中，平台、生态企业的概念比供应链具有更大的价值，生态企业可以包含供应链或者根本不包含供应链，因为可以围绕用户

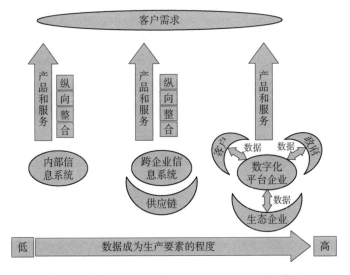

图 3.5 企业发展的三种典型形态与数据要素应用范围

需求,通过数字服务和公开的 API(Application Programming Interface,应用程序编程接口)与各种合作伙伴开展合作,有力地促进复杂生态系统中多个参与者之间无缝的协调与合作。

随着企业发展形态的演变,数据得以高效率、低成本地满足用户动态变化的各种需求,因而逐渐成为企业越来越重要的一种战略资产和生产要素。

3.3　企业数据要素应用的三个目标与任务

高速发展的数字技术正在改变用户的价值主张,也在改变企业的价值创造过程,包括产品、服务和业务模式等,促使企业的形态不断变化,在这个过程中,数据逐渐成为企业发展的一个核心要素,需要企业构建新的数字化战略,重构业务流程和组织架构,塑造新的企业文化。要开展这些工作,让数据要素能够发挥作用,企业就必须要明确具体的目标及其相应的关键任务,以确保数据作为新的生产要素在企业不同的阶段中发挥出上文提及的三个层面应有的效益,实现企业的数字化尤其是企业生态系统的转型。

回顾消费互联网行业的企业,将数据作为重要的生产要素已经是一种普遍的、稀松平常的思维。比如，美团基于数据分析对每一单外卖进行任务分配、时间控制、路线指引，并提供优惠促销和增值服务等；亚马逊不仅自身的管理决策基于一个强大的数字和算法系统，而且还对商户提供市场趋势、客户行为分析、地理位置、订单销售、店铺运作和客户评论等众多数据分析报表。美团、亚马逊等数字原生公司为其他行业的传统企业提供了数据要素的思维方式、应用模式和管理经验，总结起来，包括业务数据化、数据资产化和数据资产业务化三个目标与任务。

（1）业务数据化

传统企业可以通过运用物联网技术，将传感器等智能模块植入到产品中将产品数字化，从健康监测手表等智能穿戴设备、智能手机到交通运输工具、建筑物、机床等产品及设备，甚至养殖的猪、牛、羊等，其实都已经有了大量的数字化实例，为产品和服务的创新以及感知和满足用户的需求提供了数据基础设施。例如，美国通用电气公司的生产设备预测性维护业务就是通过传感器实时采集车间生产设备的运行状态数据，开发和使用了检测异常的相关机器学习算法，在设备问题还没发生前就提前报警并避免故障的发生，这样就可以防止设备损坏带来的停机损失，也节约了设备定期维修带来的成本。然而，尽管如此，还有大量的传统企业需要借助这些思路，将产品和服务的全生命周期数字化，促进物理世界的数字孪生越来越全面，让基于产品的各项活动以及使用服务的各个环节都能够及时留下数据痕迹,目标是将数据作为企业数字化运营的基本生产要素,进而将智能问题转变为数据问题。

(2) 数据资产化

数据作为企业的基本生产要素成为企业的资产,可以为企业带来效率提高、成本降低以及业务拓展、收入增长的优势。举例来说,一般而言,房屋买卖和租赁过程中的很大一部分活动是在线下完成的,而且房屋买卖也是低频交易,然而,2017 年成立的贝壳网针对当时现实交易中存在的各种难题,收集了房屋交易流程中涉及的各对象的相应数据,如:地区、房源、客源、商机、经纪人、门店等,建立了数据纬度、数据元素与数据关系高度完整和复杂的数字化平台,把各种对象及其活动通过数据联系起来。贝壳网在将房屋交易场景数据化的基础上,本质上就成为一个从事数据采集和数据运营业务活动的平台。2020 年,贝壳网进一步将数据资产化,在纽交所 IPO 上市,市值一度超过 800 亿美元。房屋中介本来是一项传统的业务,而贝壳网却通过数据资产化改变了传统的商业逻辑,同时将企业的数据部门从成本中心变为利润中心。在国际上,通用电气和西门子等工业巨头近年来也在着力开展企业的转型,现在它们也把自己认定为数据公司。当然,企业的数据能力建设是一项复杂而庞大的系统工程,需要关注数据的数量和质量、数据的应用效率、平台系统和数据的安全等方面。

（3）数据资产业务化

此时，数据就真正地成为企业发展要素了，正如上面提及的贝壳网，当日渐积累了大量的数据资产后，不仅可以赋能房屋交易业务，而且还可以形成平台的竞争优势，发挥平台的"杠杆效应"和"包抄效应"，逐步提供租房、装修、维修和生活等增值服务，将贝壳网变成一个高频接入的场景，成为一个流量入口。收集到更多数据后，公司就有更大的拓展新业务的空间，从而吸引更多的用户，产生更多的数据，产生更大的效益，如此正向循环，真正地实现了传统房产交易中介企业的数字化转型。因此，在数据要素的背景下，企业整体的绩效指标也应该转变，亦即加入数据要素对土地、劳动力、资本和技术等传统要素的乘数效应发挥的结果。当然，所有绩效都是人做出来的，不是技术，也不是数据，因为技术和数据都是人创造、选择和应用的。

值得一提的是，在业务数据化、数据资产化尤其是数据资产业务化的过程中，需要运用算法治理思维，通过算法进行数据的更新迭代并将数据资产整合到业务运营过程中，也就是将数据应用到业务本身，比如开展预测、优化、精准推荐等，从原来以流程和人的经验主导业务变成以数据驱动业务。在此基础上，进一步围绕用户需求的满足，就可以持续拓展企业的业务范围，创新收入模式。不过，算法的价值也与数据资产的质量和数量密切相关，这个过程本质上就是实现人工智能的应用。

3.4　企业数据要素运用中的四个核心

近年来，美团、滴滴等消费互联网企业的高速发展所带来的成果和问题，已经引发社会各界的思考与重视，这些企业的发展本质上已经不完全基于传统的生产要素。比如，传统的饭店需要拥有并管理厨房、厨师和自己的信息系统，而美团通过其平台匹配一定地理范围内的餐饮需求者与餐食供给者，尽管供给端再增加多少饭店或消费端再增加多少消费者，美团都不需要像传统餐饮企业一样增加更多的投资（资本）、土地、管理人员（劳动力）和技术等传统的生产要素，而且随着时间的推移、规模的扩大，美团累积的数据越来越多，在这些数据基础上迭代的算法就越优化，为消费者和饭店提供服务的成本就会越低、效率也会越高。在2020年下半年其日订单量就超过4 000万。特别值得一提的是，美团在外卖业务的基础上还进入了机票和酒店预订等众多业务领域，2020年其酒店订单就占行业总订单的50.6%，真正地发挥出了"杠杆传导"和"平台包抄"等效应。然而，这些企业在发展过程中也不断受到人们的各种质疑，甚至招致了政府对它们展开反垄断或数据安全等问题的调查。

因此，从这些消费互联网企业的发展经验和教训中可以看

出，企业在将数据作为生产要素的转型过程中需要重视如图 3.6
所示的四个核心内容。

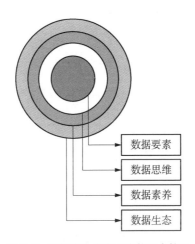

数据要素

数据思维

数据素养

数据生态

图 3.6　**数据作为生产要素的四个核心**

（1）数据要素

一方面，核心的数据应该来自用户。在数字化时代，无论是
产品还是服务项目，企业一旦从中获得优势，竞争对手常常很快
就能赶上来，让企业的竞争优势转瞬即逝，企业需要迅速地改进、
开发产品和服务，因此，核心的数据要素应该是与用户互动和运
营中创建的整合数据。通过对这些数据资产的处理，不仅可以真
正地洞察用户，把握而不是预测市场需求，而且还可以把处理的
结果作为产品或服务再提供给用户，帮助用户从产品或服务中获
取更多的收益，增加用户的黏度，这是企业数字化转型的基础。

另一方面,与其他生产要素不同,数据要素具有可共享的特点,数据的生产者(如:用户)、管理者(如:系统开发公司)、整合者(如:数据服务公司)、使用者(如:用户或企业)和监管者(如:政府机构)等角色之间的边界存在着一定的交叉,可能会导致隐私泄露、数据滥用、过度保护、安全泄密等情况发生,而且还很难及时发现。因此,数据确权成为数据要素应用的一个重要前提。

(2) 数据思维

数据思维本质上与数字化技术应用没有直接的关系,是指在企业管理中不是仅仅依靠直觉,而是主要依据数据分析得到的精确证据开展管理决策活动。过去,人们通过算盘、计算器、个人计算机或局域网等工具和手段来开展数字分析,企业大多也只拥有自身经营管理过程中产生和积累的相关数据,但这些工具和手段已经难以应对当今大数据的挑战了。此外,运用数据开展管理决策,通常都是基于因果关系的,如果无法确定因果关系,数据要素思维就为人们提供了解决问题的新方法,常常可以用数据之间的相关性取代因果关系,帮助管理者获得结论,这也是大数据思维的核心之一。因此,传统的数字思维中数据处理的对象、手段和出发点发生了改变。

一是数据处理的对象不再是传统单一的数字,还包括更广泛的来自社交媒体、物联网、搜索引擎和感知装备等渠道的文字、图片、图像、音频、视频等多种类型数据。

二是数据处理的手段拓展到了云计算、边缘计算等模式，为数据处理的成本、效率以及相关的质量带来了优势。

三是数据处理的出发点从发布产品和服务的信息让顾客能够找到，转变为产品和服务主动找到顾客，即让数据找人，当然不是传统广播无空白空间的推送模式，而是数据"懂"用户的推荐模式，最终实现流程和决策的智能化。

（3）数据素养

20 世纪 90 年代初，著名未来学家托夫勒（Alvin Toffler）在《权力的转移》（*Power Shift*）一书中提出了数字鸿沟（Digital Divide）等概念，认为在不同国家、行业、企业和人之间，由于对信息、网络技术的掌握与应用创新能力的差别，会带来信息落差直至贫富分化。发展至今，由于移动互联网等数字化基础设施与应用已经得到长足的发展，产生数字鸿沟的一个重要原因就转移到了企业和个人的数据素养（Digital Literacy）上了。

首先，数据素养不是编程或数据科学等核心技术技能，对企业人士尤其是企业高层来说，数字素养更多是指能够发现行业或企业业务中存在的问题与挑战，并知道去寻找相关的数字化技术加以解决，或者是当理解了某项数字化技术后，能够敏锐地知道该项技术可以帮助企业如何解决哪些问题，为企业带来哪些新的价值或构成什么样的威胁。当企业家具备一定的数字素养后，就具备了提出基于数字化技术的变革性企业愿景和前瞻性企业战略这两项领导技能,这好比大多数的人虽然并不懂汽车发动机、离合器的原理,但是在自己的日常工作和生活中都知道在什么时候、应该如何驾驶一辆汽车到达目的地一样。

其次,部分企业管理者常常过度关注技术的细节,而忘记了应用这些技术原本是用来提升公司经营的目标的,企业应用数据要素开展数字化转型是由信息技术驱动的,但相关技术的价值并不在于技术本身,技术本身不是答案也不是解决方案,而在于其能否支持企业的数字化战略和实践。其实,现在已经有越来越多且成本较低的工具和平台可以帮助企业开展数字化工作了,企业管理者并不需要完全掌握具体的技术原理。

最后,由于数字化技术发展迅速,数据和分析、人工智能、区块链、虚拟和增强现实以及其他新兴技术正在从根本上重塑商业环境,因此,企业管理者的数据素养还需要得到及时的更新。围绕企业用户的需求,定期开展与信息技术应用相关的企业内训,管理者定期参加高校等机构组织的相关培训项目,在工作中注意学习行业内、外企业的相关做法,等等,都是企业管理者培育和更新自身数字素养的有效手段。

(4)数据生态

一个社会能将数据作为生产要素来发展企业,还需要在数据要素的确权、定价、交易、运营和监管等各个环节具备良好的数据生态环境。

政府是数据生态环境中的重要组织，需要率先建立起数据要素的思维，破除与企业及其他公共机构等不同主体之间的数据壁垒，建设、开放相关的数据资源库，将关键数据资源作为纯公共产品或准公共产品来进行管理，比如，数字身份数据、诚信记录等，还需要制定相关的规章促使整个社会发挥数据要素的作用，比如要求在金融服务中的银行等机构能够让第三方获取客户特定的数据等，以减少交易的社会成本。

相关的数据监管与安全的法律政策与制度是数据生态环境中的保护角色，企业在发挥数据要素作用的过程中必须注意遵守，在目前数据确权等相关法律制度尚不完善的情况下，特别需要处理好国家数据安全以及用户个人数据隐私这两个方面的问题，并善于应用区块链技术为原生数据资源提供低成本的确权服务。

企业内部与数据要素相关的市场理念、绩效分配体系以及制度工具建立，是数据生态中企业这个物种蓬勃生长的营养成分，企业需要借此提升数据要素的配置与利用效率，赋能企业数字化转型发展。

3.5 本章小结

数据一直为很多企业所重视,否则,从事市场监测和数据分析服务业务的全球著名的尼尔森公司(Nielsen)就不会存在近百年了。然而,将数据视为一种新型生产要素是人类如何看待数据价值的一大创举,也是互联网及其众多的应用带来的数字化时代发展的必然。作为一种生产要素,数据不仅能创造价值,而且还能赋能其他生产要素发挥出更大的效用,因此,数据已经成为现代企业最有价值的资产之一。企业需要正确理解数据要素这个概念,把握数据要素的特点,学会如何将数据作为一种资产来管理,并利用数据要素为客户、企业和社会创造出最大的价值。

第 4 章

算法治理

数据时代的企业策略

随着互联网尤其是移动互联网的发展,物联网、大数据、云计算、区块链和人工智能等互联网技术应用越来越普及与深入,社会进入了数据时代,使得数据成为企业继土地、劳动力、资本和技术后的又一种生产要素。而数据要素的运用与其他生产要素具有的一个不同点就是,需要一定的算法才能对数据加以分析和运用,正如美国亚马逊公司一样,不仅不同的用户看到的网页内容不一样,而且即使是同一个用户每一次看到的内容常常也是不一样的,特别是在完成浏览和购买行为之后,网页展示得会更加精细。人们已经熟知的消费互联网企业就是运用算法对用户以往在线的活动和行为数据加以分析,使得人们在打开手机 App 时总能收到自己感兴趣的内容,或者很快在推荐栏看到自己想要的商品,算法系统影响甚至控制着用户的操作行为和结果。发展至今,亚马逊等消费互联网企业习以为常的算法推荐虽然已经不再新颖,但对大量的其他类型企业而言却是一个颠覆传统管理模式的突破点。

通信技术 5G 的广泛应用让产业互联网(本书在第 7 章讨论产业互联网主题)也逐步成为一般企业转型升级的战略选择,在消费互联网企业已经得到成功应用的算法模式开始进入产业互联网领域。

企业能否抓住产业互联网机遇,关键在于是否具备应用数据资源的能力,因此,算法治理成为数据时代企业发展的一个重要策略。那么企业如何理解算法治理的内容?算法治理策略的关键有哪些?企业又是如何才能将正确的算法治理策略落实到企业的运营过程中呢?本章将讨论这些内容。

4.1　企业算法治理策略的基础

（1）算法时代的到来

提及算法(algorithm),计算机科学、社会学、法学、传媒学和哲学等不同学科理解的侧重点有所不同,对企业而言,人们常常想到的就是指使用数字符号、图表等数学工具来解决某一管理问题的数学模型,或者是基于特定的计算将输入数据转换为决策所需的输出的编码程序,这是对算法的基本认识。比如,20 世纪 50 年代兴起的库存管理 EQQ 模型就是针对最优库存这个环节而建立的一种算法,同时以 MRP(物料需求计划)软件在计算机中加以实现和运行。随着互联网及其应用的发展，算法概念的范围也拓展到了指解决某一问题或处理事务应该遵循的规则及其具体的操作程序，该程序可以应用软件加以实现和运行，用来增强甚至取代人们分析、决策和执行的活动。比如，20 世纪 90 年代以来一直很受企业关注的供应链管理不仅关注某个企业相关环节的库存管理问题，还延伸到了市场、生产和供应等上下游各个环节，基于互联网的 SCM 软件不仅可以为供应链中各个环节仓储人员提供透明的信息，而且还可以代替采购人员自动给供应商下单，代替财务人员支付或收取货款等。

　　算法不仅已经逐步成为企业解决具体问题的一种方法和开展业务运行的技术程序，也已经渗透到社会结构和人们生活中，社会、企业、消费者等与算法之间的关系日益紧密。政府层面应用算法进行税收、国防、货币发行、基础设施建设和教育资源布局等规划与执行，比如在新冠肺炎疫情期间，各国政府都希望及时掌握人口活动的数据，使用算法进行分析和控制；企业应用算法开展投资、定价、获取客户以及执行操作等活动，比如，滴滴、美团、今日头条等平台型企业以数字为主要生产要素，采用各种算法帮助企业运营，在运营过程中还通过不断更新的数据对算法进行优化，大量的交易处理工作都交由算法自动完成，企业规模的扩大就不再依赖于人力资源的增长来实现了。深圳洪堡智慧餐饮科技有限公司也是一个成功的案例：这是一家利用互联网从事小龙虾供应链管理与市场销售的企业，在做到 1 亿元销售规模的时候,员工有近 300 人,而做到 3 亿元销售规模的时候,由于其开发的大量算法已经成熟并投入应用,员工就只有 90 多人了。当然,众多消费者个人也使用算法进行投资理财、保险选择和消费安排等。

算法的应用已经成为数字经济高质量发展的一种必不可少的手段,经济发展也进入了算法时代,算法获得了前所未有的地位。

（2）企业算法治理的提出

其实,仅有算法在绝大多数情况下是不足以帮助企业解决问题的,算法的应用与不断优化还需要背后的数据和算力的支持。物联网的普及让企业可以获得大量数据,云计算的普遍应用使得算力得到增强,算法、数据和算力就是组成人工智能的三大基石。由此也可以理解为什么已经出现半个多世纪的人工智能概念在近年来得到广泛重视。也是因为人工智能的应用,算法常常又被称为智能算法。智能算法让计算机系统拥有了自己的"思想",并且可以在算法规则确立的流程下运用算力和数据进行问题求解与决策、参与企业业务活动的操作与执行,智能算法的开发与应用也同样推动着人工智能不断进步。

不过不是说只有人工智能应用才需要算法,算法本身也并非一开始就运用于计算机科学的,作为人类思考和处理的一种方法,算法一直存在于人类社会、经济和生活之中。例如,人们通过查看印制的地图寻找目标路线，企业通过计算各种成本确定商品的市场价格，政府等机构通过投票等方式开展选举、立法等活动，这些工作中都存在着一定的算法。计算机的诞生和应用普及，尤其是移动互联网的发展带动社会进入数字时代，因为算法具有可抽象化和可程序化的特点，就逐渐成为数据时代基本的思想方法和工作方式。互联网以及大数据、人工智能、区块链等技术与应用都需要以算法作为底层原理和技术，基于这些底层原理和技术的应用更加依赖各种算法设计，没有算法的支撑，再多的数据和再强的算力供给以及各种技术的愿景都只是空中楼阁。

数据收集、数据、算法、算力与应用（即"人"）五要素共同构成了算法应用系统的框架，其关系如图 4.1 所示。在各种算力资源的基础上，应用不同的软件和设备收集到各种数据，然后运用算法处理这些数据，最终不仅可以得到有用的信息和知识，增强管理者的洞察力，而且还可以直接按照一定的规则有效率地代替人甚至代替组织做出决策和执行任务。因此，算法应用系统亦已成为企业的一种核心竞争力。

然而，图 4.1 中的每个部分都不是看到的那么简单，都需要有一个开始、设计、构建、实施、使用和不断优化的过程，每一个过程都会涉及技术、经济和社会等问题。

图 4.1 中与数据相关的内容属于数据治理的范畴，比如：数据收集方式和手段的选择、数据的项目和类型的确定、处置和应用数据的方法等，尤其是涉及个人隐私和公共安全的数据收集与

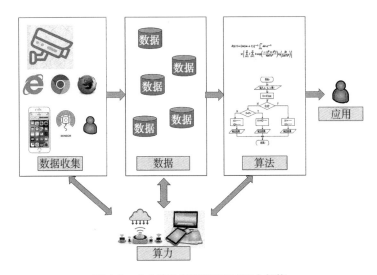

图 4.1　企业算法应用的五要素概念架构

应用，更是全社会所关注的数据治理问题。针对数据治理的各个方面，世界上主要经济体与国家都在不断完善相关的法律法规，一些企业也逐步建立了相关的管理制度。

　　算法不仅代表了数字时代企业的竞争力，而且也体现了企业的价值观和具体的应用规范。在图 4.1 中，一方面，算法及其应用关联着企业内外的"人"，包括员工、客户、供应商和市场监管者以及算法的所有者、主导者和开发者等，但是算法本身大多是以"黑匣子"（Black Box）形式的程序提供给人们的，使用者和其他利益相关者并不了解算法的原理，而且企业在算法应用过程中大多存在着多方利益冲突的现象。比如，众多包含算法运行的 App

虽然在使用之前会提供一个说明并让使用者确认后才运行，但是大多数人既没有耐心阅读，也缺乏读懂的能力，算法就可能会在用户不知情的情况下，攫取用户的隐私信息并商业化使用；另一方面，在算法的开发、应用及算力的使用过程中，企业自身也需要关注经济性问题和数据安全性问题等。

这两个方面的问题是影响企业算法应用成效的关键，可以通过算法治理来应对，算法治理成为数据时代企业的顶层策略和思维。

（3）企业算法治理的内涵

按 2009 年诺贝尔经济学奖获得者埃莉诺·奥斯特罗姆（Elinor Ostrom）及其丈夫文森特·奥斯特罗姆（Vincent A. Ostrom）为代表的多中心主义观点，治理（governance）从概念上可以理解为：涉及或公或私的不同个人及组织在一定范围内通过相互调和、联合等行为，制定、实施和实现某项计划的过程。

因此，治理的概念属于管理的范畴，是管理中的一项特殊工作，其主要任务就是当有相互冲突或不同利益的个人及组织存在时，确定与运用能够使得他们协调一致的原则、规范、规则和决策程序，从而共同开展行动以持续低成本地实现目标。

例如，近年来越来越多的外卖业务链中，平台企业为了满足消费者对服务速度的要求，追求收益的最大化，运用大量的算法来控制外卖骑手接单后的行为,甚至还特别关注骑手的上下楼时间,专门研究骑手去某一栋楼的低楼层和高楼层时的时间和速度;而外卖骑手一方面要追求更高的收入,另一方面也需要安全和从容的工作状态;同时,交通管理部门以及道路交通的其他参与者都希望有一个井然有序的交通环境。实践证明,外卖业务链中算法的运用确实为平台企业增加了每单的收入并节省了每单的成本,但同时也带来了多方利益的冲突,尤其是外卖骑手在其中处于弱势地位,因此,社会上就出现了对外卖平台严酷算法的指责和善待外卖骑手的呼吁。

消费互联网平台企业已经受到了严峻的算法应用挑战,随着产业互联网的发展、数据时代的到来,各类企业与算法应用之间的关系都将日益紧密,算法成为企业利益创造和分配中的一个重要角色,算法治理也成为企业的核心理念。

算法治理(Algorithmic Governance)是企业的一种新型技术治理形态。首先就是企业在经营管理过程中能够主动并充分地运用算法;其次,在算法应用过程中需要有用于指导和支配企业算法构建与执行等各种应用活动的规则集合,这些规则集合明确了企业算法应用中涉及的相关角色及其工作责任和执行流程,算法的规则集合虽然是由企业依据自我需求的目标而设计的,但是为了能够持续地实现自身的目标,就必须协调算法所涉及的多方利益;最后,算法也可以作为一种手段和工具,监督和保障企业对规则集合的遵守。

4.2　企业算法治理策略的组成

　　策略是企业为实现战略任务而采取的战术、手段或方法，思维是策略和行动的先导。十多年来，随着移动互联网的建设与发展，互联网成为社会与经济的基础设施，一些学者和企业家先后提出了互联网思维，海尔、小米、美团等许多传统与新生企业适时运用互联网思维，取得了有目共睹的成果。近年来，随着物联网、大数据、云计算和人工智能等技术应用的普及和深入，社会和经济进入了数字时代，企业也从信息化阶段进入了数字化阶段，尤其是国家实施以 5G 为核心的新基建战略，产业互联网成为企业发展的方向。在此背景下，中共中央、国务院在 2020 年上半年发布了《关于构建更加完善的要素市场化配置体制机制的意见》，首次将数据定义为新型生产要素，与土地、劳动力、资本和技术并列为五大要素，并强调要加快培育数据要素市场，数据成为企业参与国内外竞争的重要战略资源。

　　然而，从图 4.1 中可以看出，数据的价值需要通过算法的建设与应用才能够实现，数据应用的本质其实是算法，算法是应用数据的大脑，算法治理成为继互联网思维之后企业转型发展的又一个引领性策略。

企业算法治理策略由业务算法化和算法业务化两个部分组成。

（1）企业业务算法化

互联网虽然带来了企业经营管理思维的变革,但是企业管理的主体还是企业各个岗位上的管理者,而算法治理策略带来的是经营管理的主体的转变,算法可以根据应用场景的不同,自主生成管理决策方案,并且可以自动执行,这就使得原本居于主体地位的管理者变成了参与者,甚至是听命于算法的执行者。在业务算法化后,企业就可以打破原有的规模经济递减效应,也会自然突破企业原有的业务边界,真正地实现跨界经营,因为大量的工作交由算法承担了,这些工作从简单到复杂可以分为如图 4.2 所示的三个层次。

战略决策
算法化

管理流程
算法化

日常运营与事务处理
算法化

图 4.2 企业业务算法化的三个层次

第一层次：日常运营与事务处理算法化。

企业日常运营中，组织的精力大多被消耗在了常规的经营管理工作上，从基层管理者到高层都特别忙，尤其是主要领导人，忙着开各种各样的协调会议，听取各个条线的工作汇报并考核其工作情况，进而做出决定和指示，还要处理不同层级的下属提出的各种各样的要求与问题，与此同时，下属也因缺乏自主性工作的机会而积极性不足。

其实，现实中大量的工作是常规性的管理与决策。1911 年，科学管理之父弗雷德里克·温斯洛·泰勒（F. W. Taylor）在他的《科学管理原理》（*The Principles of Scientific Management*）一书中提出，要达到最高的工作效率的重要手段就是用科学化的、标准化的管理方法代替经验管理。泰勒虽然是从"车床前的工人"开始研究企业内部工作效率的，但是泰勒由此而建立的科学管理理论明确指出，管理学是一门建立在明确的法规、条文和原则之上的科学，适用于人类从最简单的个人行为到大企业组织安排的各种业务等活动。泰勒证明了管理有科学的一面，然而，100多年来，泰勒的科学管理大多成为学术殿堂的摆设，难以在企业实践中开花结果，在企业中也常常为不同水平的管理者所运用，因此，在企业中科学管理的优化与继承就成为一个难题。

进入数字化时代，泰勒的科学管理就可以采用持续优化的算法以工程化实现了。借助于智能算法，管理工具系统就可以自动完成大量的常规性管理与决策工作，可以极大地减轻各层级人员在日常管理中的工作与协调负担。

例如,在烘焙店的加工间管理中,每一个工作人员都有规定的着装和行为要求,系统可以通过摄像头画面并运用算法识别工作人员是否正确地佩戴口罩、动作是否规范、产品制作各个环节用时是否标准等,一旦发现不符合要求,系统通过算法判定违规的严重程度,并可以选择立即自动提醒员工改正或报告不同层级的经理人员等,同时,还可以自动计入考核系统。

同样,这一套算法系统也可以应用在各类交通工具驾驶员甚至办公室工作人员等的管理中,针对人们的工作状态画面等数据,运用算法系统就可以判断其身体疲劳度、精力集中度以及对待客户的热情度等。

于是,企业日常运营与事务处理的许多工作可以由算法系统接管,算法代替了管理者,这将会使得一部分管理岗位的重要性降低甚至消失。值得一提的是,随着这类算法系统运用的普及,将会有越来越多的职业、岗位被认为"困在算法系统中"。正像印刷技术、汽车、电视和互联网等出现的初期遇到很多非议一样,算法系统的应用改变了人们生活、学习和工作的习惯,正如马歇尔・麦克卢汉(Marshall McLuhan)所说,"我们塑造工具,此后工具又塑造我们",加之算法系统本身的"黑箱"(Black Box)特点,社会对算法系统的争议也难以停歇。

其实,算法系统虽然体现了主导者的价值观,但其本身还属于一种工具,任何工具都是双刃剑,具有两面性。一方面,算法系统可以切实提高企业的管理效率,降低成本,增强竞争力;另一方面,一些商家可能会滥用算法系统以压榨员工、欺骗消费者。因此,一定程度的质疑、争议和批评也是算法治理的一个组成部分,对算法治理的正常发展是有益的。但是,"倒洗澡水不能把孩子一起倒掉",数据时代的算法系统应用是一个不可阻挡的趋势,社会与企业都需要在思维、政策、法规以及架构和文化上转型。

第二层次:管理流程算法化。

企业的战略需要落实到业务流程才能够得到真正的执行,客户价值的创造和实现不是企业的哪个岗位或者哪个部门完成的,而是由一个完整的业务流程完成的,企业业务流程中的各个环节也越来越多地被外包给效率和成本更有优势的其他组织。因此,企业业务流程的完成方式成为企业取得成功的关键。

长期以来,为了保证业务流程顺畅地完成,并实现效率的大幅度提高,企业通过分工发展出了拥有各种职能岗位和部门的模式。在这种模式下,每个部门和岗位都专注于完成自己的工作,当然,也一定会与另外的部门或同事的不同目标产生交叉影响,因此,就可能会出现影响企业生存和发展的"大企业病"等现象。

其实,这种普遍存在的企业工作方式源自工业革命,在这种方式下,为客户传送价值的业务流程是跨部门、跨层级的,"竖井"式职能部门在实际工作中割裂了业务流程。而在一个企业中,本质上只有为数不多的端到端的关键流程创造了企业为客户提供的几乎所有价值,如订单获取、产品开发、生产与供应链管理等,在数字化的今天,这些以客户为中心的关键流程在运用算法系统后就可以成为一个端到端的连续体,不再是一系列分散的步骤。

在诸如今日头条、美团外卖和滴滴出行等网络企业里,算法系统已经使得企业部分流程的自我治理成为现实,这些企业的实践证明,通过算法实施的管理流程更高效精准,也能够降低管理成本。而近年来一些传统企业亦已进入产业互联网领域,应用渐广的海尔卡奥斯、美的美云智数、三一树根互联以及德国西门子的 MindSphere 等产业(工业)互联网平台,不仅可以让用户直接参与企业的全流程,而且以用户为中心的算法系统实现了对业务流程的部分替代,打通了产业之间、企业之间的界限。随着应用场景的不断拓展,以及区块链共识算法达成的智能合约等技术与应用的推行,算法治理在用户需求识别、解决方案生成和整体绩效评估等全流程中发挥作用,算法系统运营的流程体系也将会促进全产业链生态的形成。

值得一提的是,历史上汽车甚至是电熨斗等众多新技术和新产品的出现,并没有减少社会对劳动力的需求,近年来,互联网对零售、出租车、媒体、旅游和餐饮等行业产生了摧毁性的冲击,但是麦肯锡全球研究所的一项研究发现,互联网每摧毁 1 个就业岗位,就会创造出 2.6 个新的岗位。可以预期,算法治理不仅难以完全取代人,而且还会产生更多的算法设计、维护等新的岗位需求。

第三层次:战略决策算法化。

信息化时代企业开发应用的是决策支持系统(Decision

Support Systems,简称 DSS),DSS 是人们运用数字分析开展决策的支持(support)手段,最终的决策是由人而非系统制定的,主要是因为特定的决策人以及决策的问题能够获取的数据有限,即小样本数据决定的因果关系和决策者的经验成为决策的主要依据。比如,沃尔玛通过有限的销售数据分析发现啤酒与尿布的销量正相关,但是只有收银员将他们观察到的场景告诉经理,即因为母亲大多在家照顾孩子,父亲外出买尿布,而父亲同时也会买一些啤酒,这时经理才可能做出在尿布的货架边上放上啤酒的决策。

大数据时代到来,嵌入业务流程中的算法系统就可以把视频、语音、图片和数字等各种大样本数据甚至是全样本数据作为基础,及时做出决策并直接执行。例如,前面提及的深圳洪堡智慧餐饮科技有限公司在网络上开展广告推广,需要决策客户的每一次点击应该出价多少,因为要与竞争对手竞价,出价过高就是浪费,出价低于竞争对手就会失去流量即订单的机会。这项工作原本由每个店面的人工单独操作,一般在前一天晚上凭经验决策一个价格,第二天视订单的增减情况,再决策后一天的价格。而现在由于可以获得全网数据,他们开发了一个智能算法,视订单变化情况和竞争对手的出价,15 分钟步进式加、减价一次,使得自己的竞价自动成为一个动态的最优决策,而且全国 1 000 多个门店都基本不再需要人工操作,决策的科学性和效率都得到显著提升。

算法替代原来 DSS 直接做出决策并执行后,释放了管理者大量的时间和精力,瑞·达利欧(Ray Dalio)在《原则》(*Principles for Dealing with the Changing World Order：Why Nations Succeed and Fail*)一书中提到：像算法一样决策可以培养真正的创意择优。亚马逊在这方面就是一个典范,长期作为 CEO 的贝佐斯不仅要思考企业长期发展的方向,而且也要对企业正在发生的事情做决策,为此,他打造了一个强大的数字和算法系统。比如,亚马逊数据中心的选址决策活动就有超过 280 个标准,包括了地震、空气、地形和土地规划条件等因素,全部自动计算达标后才可通过。再比如,亚马逊制定的企业年度业绩目标近 500 个,对每个目标都明确了责任人及成果要求和完成时间,算法系统实时分析追踪,快速发现问题,自动完成常规决策,持续推进组织管理能力的提升。

大数据环境下的算法决策相对人工决策而言,不仅规避了现实中存在的决策噪音,而且具有准确性、高效性以及稳定性等优势。尽管如此,也要认识到,无论多么优秀的智能算法都是人研发的,算法系统不可能完全取代人的决策,当然,算法系统也给人们带来了"算法黑箱"(Algorithmic Black-box)的忧虑。

（2）企业算法业务化

"算法黑箱"的说法之所以存在,是因为算法的设计、开发和运行都是在封闭的计算机网络系统中完成的,人们难以了解算法的设计原则、应用原理和运行过程，而且不同于实体空间具有明显的地域界标，各地政府部门也难以对网络空间开展及时的、有效的监管，即算法存在着透明性、可解释性及责任明确性不足等问题。实际上，长期以来许多未应用算法的传统企业也存在着同样问题，只是大数据背景下企业业务算法化的潮流会带来整个社会的变化以及关注。

其实，虽然算法是网络空间程序化指令的集合，但实际上体现的是设计开发者的价值偏好和利益诉求，这与企业在实体空间开展业务活动是一致的。大数据时代的到来，万物以数据化的方式呈现，利用数据的算法成为企业业务活动中一个组成部分的趋势凸显。因此，企业在业务算法化的同时，还需要树立算法业务化的思维，将算法治理也作为企业的一项业务活动。作为一项业务活动，算法治理具有以下三个特点：

首先，技术理性与价值理性的有机统一。企业算法系统看似"黑箱"，本质是将原本与企业内、外部各个利益相关者之间面对面的直接关系转化为了代码系统，其目标是提高效率、降低成本、增强企业竞争力，并没有改变企业的本质，算法并没有去价值化。因此，控制算法设计和运行环节的核心仍然是企业的目的，即持续地创造用户，当然，算法要实现这个目的，就必须能够为员工、供应商、渠道商等业务相关者都带来福祉。

其次，短期效益与长期价值的有机统一。人们当下常常诟病的一些互联网企业收集和滥用用户数据的现象,其实就是企业追求短期效益的行为。虽然说网络数据的收集与跟踪是 21 世纪的普遍活动,且算法的价值也是通过应用数据才能实现的。然而,如果企业以人性的弱点为切入点收集和利用数据,短期内可能会迅速为企业带来流量与收益,但是长期而言,大多数用户最终一定会厌恶这类算法的结果而远离这些企业。作为一种组织,企业追求的是基业长青,算法逐步成为企业业务活动的组成部分,那么算法本身就需要将短期收益与长期发展结合起来,能够长期发展的业务一定是合情合理、合规合法并能够不断改善人们生活的。

最后,控制风险与抓住机遇的有机统一。数据和算法是算法治理的两大基石,共同推动着算法治理应用场景的不断拓展和持续深化。然而,尽管人类进入了大数据时代,但是数据还是存在着有限性的问题,人们设计的算法也存在着不完备性,尤其是社会对算法的认知以及取得利益相关者对算法的共同认可也需要时日。因此,算法业务化进程的初期存在着一定的技术、经济、社会和政策风险,企业需要建立相应的风险控制机制和应对措施。此外,借鉴十多年前一些企业不信任的云计算业务在今天已经得到普及的经验,传统企业要消除对算法的不信任。企业领导人要认清大数据背景下存在于企业之间的"数字鸿沟"将会演变为"算法鸿沟",运用算法将组织的精力从日常管理中释放出来,抓住机遇、布局长远、持续提升。

4.3 企业算法治理策略的实施

互联网及其各类应用的普及和发展，使得算法已经渗透到人类社会的结构中，虽然到目前为止，人们对算法的理解还很有限，甚至会加以抵制，但这并不能阻止人们依赖算法开展各种活动。比如，人们大多不了解智能手机中各种导航软件的具体算法，但是还是依靠着导航软件的判断和建议前行，导航软件运用的动态规划等算法，让普通人也拥有了超越当地专业司机的认路能力。当然，算法也可能会让人们更少观察、思考和质疑，人们在只需接受导航软件建议的场景下，也就少有机会在一整张地图上规划自己所需的路线，同时也失去通过整张地图来了解整座城市布局的机会了。从企业的视角来观察这些现象就可以发现，虽然算法的应用存在着负面的因素，但是人们还是越来越依赖于算法，甚至离不开算法，企业的业务算法化和算法业务化已经初见端倪并且不可逆转。

算法治理策略的实施对企业传统的经营管理是一场变革，不仅需要战略层面的顶层设计，也需要以变革管理为主线，重构企业的组织与流程、绩效与文化和数据治理与 IT 系统等。

（1）企业战略

大数据时代，企业所处环境的不确定性复杂程度和市场要求的反应速度,都超出了企业管理者大脑的处理能力,企业的战略制定过程也从低频、耗时转变为持续、快速,而算法治理具有高级分析以及自动化处理的能力,就为企业提供了战略决策的手段和工具,企业战略的一个关键转变为核心算法的迭代,核心算法则聚焦于业务算法化和算法业务化。

业务算法化需要企业"从大处着眼,小处着手",在做好全面规划和顶层设计的前提下,针对业务中出现频率高、影响面大、规范性强和预期价值显著的场景,逐步推进业务算法化。切忌"大而全"的做法,对那些一年甚至几年才可能会出现的低频次场景,可以暂缓开展算法的建设与应用。

算法业务化意味着企业不要将算法仅仅视为一种技术或应用,而是要将算法视为企业重要的资产,特别是可以开展的一种业务,即沉淀出可复用的算法能力,通过云计算的 SaaS(将软件作为服务)开展算法共享服务业务 AaaS(将算法作为服务),提供"按需算法"服务业务,开拓新的业态。

(2)组织与流程

《旧约》中有一句名言:太阳底下没有新鲜事。今天互联网技术及其应用也犹如 19 世纪电力技术的推广过程,当时的企业家们也在思考着如何实现"电力+"。实际上从蒸汽机转换到电力,企业需要在战略等各个方面进行变革,为了促进企业内部相关职能部门充分考虑电力的应用,很多企业还设立了首席电力官

或电力副总裁岗位。进入信息时代，同样很多企业设立了 CTO
（首席技术官）、CIO（首席信息官）以及 CDO（首席数据官）等岗
位，领导企业信息化的进程。

进入数字化时代，数据成为生产要素，企业所需要的不再仅
仅是软硬件所提供的功能，而是在数据基础上面向业务场景需求
的洞察，即算法治理策略的应用。算法成为企业的重要资产和核
心竞争力，数据科学家被称为 21 世纪最性感的工作，算法工程
师/算法研究员也成为一种新的职业。然而，对大多数企业而言，
算法思维的推行在近年还是一项没有成熟经验可借鉴的工作，不
仅需要各个部门的配合，还需要得到利益相关方的认可，是一项
复杂的工程。因此，企业需要设立数据资产和算法资产管理职
能，另外，除了一把手挂帅外，还要设立首席算法官（CAO，Chief
Algorithmic Officer）岗位以领导和协调企业算法思维的规划和
实施工作。

因为算法本质上就是在连续性基础上运行的，所以在业务算
法化的过程中，原本需要占用管理者大量时间和精力的面对面、
电话、会议、邮件等传统沟通与谈判活动，都将会被算法取代，实
现端到端的业务流程。因此，相比于传统的科层式组织和"互联
网＋"组织，算法治理下的组织架构将更加扁平和精炼，业务流程
更加平滑流畅。

然而，由于"算法黑箱"的存在，企业应该借鉴让数据透明、流
程透明的经验，确保不因"算法黑箱"而带来新的"大企业病"。

（3）绩效与文化

算法治理带来算法组织、算法经济、算法政治、算法法律和算法社会等各种新常态，企业算法的投资、研发和应用成为新的业务种类和增长点。然而，算法存在优劣之分，优秀的算法常常是迭代实现的，因此，企业算法治理需要绩效体系的引领与规范。

因为有些算法可以独立处理事务，有些算法用于配合人们的工作，还有些算法是控制人的行为的，等等，而算法的运行相比人的工作是缺乏柔性的，所以，算法治理绩效体系的建立不仅仅是CEO或高层管理人员的任务，更需要与算法利益相关者尤其是被算法所控制的执行任务的一线员工共商、共建、共享。瑞·达利欧在《原则》一书中还提到：当所有人都能看到算法使用的标准并参与其制定时，他们就都会一致认同，认为这个系统是公正的，并放心地让计算机考察证据，正确地对人做出评估，给他们分配合理的职权。

当然，人们对算法治理及其绩效体系的认知度是其认同度和参与度的基础，而算法治理的文化又会影响和限制人们的相关认知。因此，营造企业以及全社会算法治理的文化，尤其是提高对数据是生产要素的认识，不仅是企业正常开展算法治理的前提，也可减少人们把企业正常经营看作"算法杀熟"的现象。此外，算法治理的透明度、规范性和责任认定等问题不仅是人们接受算法治理的关键，也是算法治理绩效体系的组成部分。

（4）数据治理与 IT 系统

一方面，数据作为企业生产要素，能否真正发挥出作用，关键还在于算法治理；另一方面，数据治理是算法治理的基础，算法系统离开数据大多就无用武之地。企业数据治理的核心就是打通"数据孤岛"，并通过数据质量和数据安全这两个关键的保证，在一定程度上保障最终算法治理的质量。

因此，企业算法治理策略下的 IT 系统需要承担三项任务：一是收集、存储、打通与企业业务相关的数据；二是建立、运行和保护算法的系统；三是提供算法运行的计算能力。为了保证这三项任务的完成，企业需要建立相应的数据和算法管理制度、标准和规范。

随着数据资源的丰富、算法治理的创新和计算能力需求的增加，无论是云计算公司，还是企业自建系统，提供企业 IT 服务的业务本身也需要算法化。

（5）变革管理

众多经历过信息化的企业都会体会到整个过程的复杂性，认识到信息化实际上是一场变革，尽管任何组织的变革都会有风险，但不变革则会有更大的风险。

企业算法治理策略的实施的复杂度不亚于企业的信息化，也存在巨大的风险，除了开发和优化算法需要长期、大量投入的风险外，人们对算法的角色及其运作方式的认知度和认可度还不高，这种缺乏理解不仅涉及算法的生产者和使用者，而且还涉及很多其他受影响者(例如政府、股东、经理人员和员工等)。

　　因此,企业需要把实施算法治理看作一场彻底的变革,对于这场变革要做好系统的计划、组织、控制和协调等管理工作。

4.4　本章小结

　　互联网具有的低成本数据资源和数据传输功能,已经彻底改变了人们之间联系沟通和商业交易的方式,以 5G 为核心的"新基建"正在引领万物互联的数据时代的到来,数据成为经济增长、产业变革和企业发展的核心要素。20 多年来,一批消费互联网企业的成功实践证明了数据蕴含着巨大的商业价值和社会价值,而数据效用的发挥依赖于算法,数据和算法成为企业的优质资产和核心竞争力。

　　Web 2.0 概念的提出者蒂姆·奥莱利(Tim O'Reilly)曾经说过:"要理解未来,就需要我们摒弃关于现在的思维模式,放弃那些看起来顺理成章甚至习以为常的思想观念。"迎接数据时代的到来,任何一家企业都需要建立算法治理的思维,通过对企业战略的调整以及组织与流程、绩效与文化和数据治理与 IT 系统等方面的管理变革,以业务算法化和算法业务化为指导思想,创新提升企业的管理能力,转型升级企业的业务模式。

第 5 章

企业自动化管理的实施

意义与路径

制作和使用工具来减轻劳动负担甚至替代人的劳动,是与人类劳动本身一样长久的历史行为,对企业来说,投资部署先进的机器设备开展自动化生产(Automation Production),不仅拓展了人的体力,实现了大规模制造,而且还可以降低成本、提高效率以及稳定产品与服务的质量。

　　自从20世纪40年代人类发明计算机,以及互联网等数字化技术相继出现与发展,特别是数据要素与算法治理在企业中开始得到重视以来,不仅企业自动化生产得到了进一步的加强,而且企业各个层面的自动化管理(Automation Management)也逐渐成为趋势,企业开始投资应用的自动化管理系统逐步进入了传统上只有人类才从事的认知领域,不仅拓展了人的脑力,提高了管理决策水平和企业绩效,而且一些企业还借此实现了转型与升级。

　　自动化生产与自动化管理对企业的发展都具有重要的影响,然而,自动化生产更多地影响了与企业生产相关的过程,而自动化管理对企业的影响则更加全面和深远。在数字成为要素、算法治理成为企业一种思维的背景下，企业必须要开始重视运用自动化管理，以获得可持续的优势。那么，企业究竟应该如何认识和开展自动化管理呢？本章将探讨企业开展自动化管理的意义、过程及相关的策略。

5.1　企业对自动化管理的定位

1776 年，亚当·斯密在《国富论》中指出，由于所有的卖家都想卖高价，所有买家都想买低价，因此，就产生了竞争并形成了市场，在一个竞争的市场中就会形成产品和服务的特定价格，而成本和效率是决定价格的重要因素。《国富论》第一次提出了劳动分工的理论，亚当·斯密认为，要每一个人完成诸如耕种、纺织和哲学思考等所有工作，这是不合理的，每个人应该做自己最擅长的事情，那样才能最大化自己的收益。如果所有人都是完成自己擅长的工作的话，总的产量就会因此而增加，当然，人们也会形成相互依赖的关系。对于这个结论，他在书的开头就用一个制作扣针的实验做了论证，认为分工可以大幅度提高劳动生产率，并因此而降低生产成本，但是同时会产生罗纳德·科斯提出的"交易成本"，为了减少市场交易成本，企业这类组织便出现了。本书曾在 2.2 小节中引用并分析过这个问题。

然而，随着企业规模的扩大，管理复杂度就会增长，企业内部管理协调的成本也会增加，当然一些小企业的内部管理协调成本也不一定低，而当企业内部管理协调的边际成本与市场交易的边际成本相同的时候，那么一家企业就到了亏损的边界。

所以，企业管理的优劣决定了企业的市场竞争地位以及企业的发展规模，那么，企业就需要通过管理的计划、组织、控制与协调等基本职能的实施，优化配置土地、劳动力、资本、技术以及数据等生产要素，实现企业规模及其效益的最大化。

近年来，伴随着物联网、云计算、大数据以及深度学习等技术的发展，自动化管理也成为赋能企业管理的一项重要应用。自动化管理的实质是运用基于人工智能的解决方案来完成管理任务，本书在上一章曾经简单提及过人工智能的组成及其各个组成部分的概念，这里再稍详细地介绍一下人工智能，并从自动化管理的角度进一步解释人工智能的各个组成部分。

其实，人工智能这个概念在 20 世纪 50 年代就被提出了，并且半个多世纪以来人工智能也经历了多次发展浪潮，但是，人工智能的基本组成并没有改变，仍然由数据、模型（也称"算法"）和算力等三大基石组成，如图 5.1 所示。

正是由于大数据（数据）和云计算（算力）的高速发展，特别是机器学习技术的长足进步，人工智能又一次成为企业的热点应用技术。对人工智能三大基石中的算法可以从不同视角来理解，一

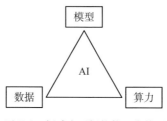

图 5.1　组成人工智能的三大基石

般而言,企业可以将算法理解为一个明确的计算过程,该计算过程在计算机中表现为一个或一组程序,该程序接受某个数据或某一组数据作为输入,通过算力的运用,产生一个或一组新的数据作为输出。从表面上看,算法就是程序,是程序员或者软件工程师的工作,然而,本质上程序的核心是发现、分析和解决实际问题的方法与过程。进一步思考可以知道,相关的方法与过程是取决于具体的实际工作的,甚至还与每个工作人员的思想方法和认知水平等密切相关,所以,程序的核心思想来自实际工作的抽象,这项任务一般由算法工程师承担。因此,可以认为算法也是模型,而模型表达的是业务本身,所以,算法也就是可以计算的业务职能,因而也可以通过一定的方法,对算法不断地进行理解、解析、学习和迭代,当业务职能成为计算机可以运行的程序时,相对于人工从事该项业务职能而言,算法就表现出高效率、规范化和易控制等特点,可以帮助有效地降低企业内、外部的交易成本。

　　由于自动化管理能够带来管理协调成本的降低,这就为企业规模的扩大提供了有利的条件。其实，计算机的出现和互联网的发展，就已经引发了企业竞争市场的变化。从个体经营对象看，以前是"一铺养三代"，近两年很多人使用一部手机做直播的收入，可能会超过一个固定的商铺，个别带货主播在"双十一"这一天的销售收入就超过了 100 亿元；数字化系统使得很多小企业也有了进入全国甚至国际市场的机会，美国代顿大学历史学教授拉里·施韦卡特(Lary Schweikart)等在《美国企业家：三百年传奇商业史》(*American Entrepreneur：the Facinating Stories of the People Who Defined Business in the United States*) 一书中就指出，1950 年时美国初创小企业有 9.3 万家，而随着 70 年代末及 80 年代个人电脑和桌面排版系统的出现，在 1980 年时，初创小企业的数量就增加到 45 万家，尤其是在 1995 年，初创小企业的数量超过了 80 万家，与 1980 年相比几乎翻了一番。分析《财富》世界 500 强企业，也可以发现在 1996 到 2020 年之间，企业的营收规模整体上增长了近两倍。

就整体而言，无论是理论上的分析还是企业实践中的现象，都说明了随着数字化技术的应用，企业生产率水平普遍有了进一步的提升。可以肯定的是，当以人工智能为核心的自动化管理在企业中得到应用时，就为企业带来了两大优势：一个是管理决策的效率与质量优势；另一个是将数据作为生产要素真正地开始加以运用的优势，亦即自动化管理成为企业发挥数据要素效用的一个抓手。

5.2　自动化管理系统是企业管理者的帮手

　　自动化管理意味着系统接管了管理人员的任务,当然,接管的程度取决于技术的发展水平以及所面对的管理任务的复杂程度。在大多数情况下,系统并不能完全取代管理人员,而是需要与管理人员相互协调、密切合作,即自动化管理系统既可以独立工作,也可以与其他员工协同工作,因此,企业应该将自动化管理系统视为企业的一员。

　　如前所述,自动化管理系统中的算法就是表达了业务逻辑的程序,该程序可以在智能设备中运行处理相关的数据。图 5.1 可以进一步表达为图 5.2。

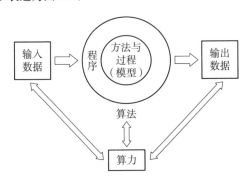

图 5.2　自动化管理系统的组成

然而,算法工程师并不一定能将所有业务都用模型完整地表达出来,诺贝尔经济学奖获得者赫伯特·西蒙(Herbert A. Simon)的决策管理理论告诉人们,决策贯穿于管理的全过程,所以管理即决策,而按照问题的特点,可以划分为三种类型的决策:程序化决策(Programmed Decision)、非程序化决策(Unprogrammed Decision)和半程序化决策(Semi-programmed Decision)。

（1）程序化决策

针对那些重复的、常规性的问题开展的决策就是程序化决策,算法工程师可以依据管理者遵循的一个明确的处理程序建立模型,该模型一旦建立完成便可以反复使用。

例如,联合利华结合管理人员和人工智能的能力开展个性化招聘的工作中就运用了自动化管理的方案。该公司在对第一轮申请进行筛选的过程中,应用一种在线游戏,通过申请人玩游戏过程中的表现,评估其风险、厌恶等特征,确定其可能适合的工作岗位;在第二轮筛选中,要求申请者用视频方式回答一系列针对相关工作岗位设计的问题,自动化管理系统对申请者的回答及其肢体语言、语气等进行分析,从中挑选出优秀的申请人进行面试,管理人员做出最终的决定。联合利华在招聘过程中应用自动化管理,不仅有效地拓展了招聘的规模,而且还极大地提高了招聘的效率。

　　再比如，深圳幸福西饼有限公司创始人袁火洪先生在烘焙行业从业多年，他发现传统的烘焙门店的经营状况、能否盈利等，都严重依赖于店长的管理能力，那些有经验的门店店长，对客源比较熟悉，因此就可以对每天的加工生产品种和数量提前做好计划、安排，这样在每天晚上门店打烊前，不仅能满足客户的需求，而且剩余打折的量也比较少，门店的盈利状况也会好一些。但如果这个店长离职了，这个门店的生意就会走下坡路。因此，烘焙行业的门店非常依赖人的管理水平。而一家烘焙门店如果过分依赖人的能力，就很难做大规模。

　　认识到这一点后，袁火洪先生首先就通过应用数据和算法，替代人的计划能力，即通过历史数据自动化地计算出明天应该做什么、做多少面包和蛋糕等，并判断可能会有哪些顾客来买，这就代替了店长的能力。以前到了晚上 7 点，剩下的面包只能打折等顾客来购买，而现在开发应用的自动化清库存功能系统则"让产品找客户"，比如今天还剩下 10 个菠萝包，系统会识别过去哪些客户喜欢这类产品，主动把促销打折信息推送给今天可能来购买的客户。深圳幸福西饼有限公司通过这样的方式初步解决了人力依赖与浪费严重的问题，损耗率从 10％降到 3％，减少的 7％其实就是企业的利润，这就是自动化管理带给烘焙企业的实际效益。

　　其实，企业的中、基层中存在着大量的程序化管理事务工作，都可以用算法程序替代，开展自动化管理。算法程序最擅长的事情,就是筛选和处理大量数据,帮助甚至替代管理者开展常规的事务处理活动。

（2）非程序化决策

企业的所有者以及中、高层管理者常常面临的决策问题是非程序化的。比如,公司未来五年的发展目标,是否要进入一个新的产品或服务市场,某个铁矿石产地国下半年是否会与其他国家发生贸易争端,是否要去非洲可能会发生战乱的某个国家做投资等,这些问题都是动态变化的、非常规性的,也是重要的,属于非结构化决策。要对这些问题做出决策,不仅需要了解政治、经济和社会等信息,还要相关的决策者具备一定的企业家才能,对问题进行判断、评价和洞察,而且不同的人处理这类问题的方法与思路也不尽相同,决策效果与决策者的主观行为密切相关。因此,就不存在一个可以建立的算法,更难以用需要达成共识的决策程序来实现了。

由于计算机数字化系统本身的局限性,所以非程序化管理工作是不可以用算法程序替代的,这也是以人工智能为核心的自动化管理系统难以完全代替人们工作的原因。

回顾人工智能发展的历史,可以发现已经掀起过多次人工智能浪潮,而在每一次浪潮兴起的时候,都会有一种观点认为人工智能将超越人类、控制人类,其实,尽管人工智能在图像与语音识别等方面发展迅速,但是在可以预见的未来,由于技术和社会的限制,人工智能不可能完全替代人类的工作。一方面,因为人类的感官、感知、情感、社交技能以及社会关系属性等不可能完全被程序化,例如,企业领导人在吸引人才的工作过程中,可以运用情感提供"人情味",利用社交能力和人格魅力等建立特殊的关系,而这些都是很难被程序化实现的;另一方面,因为计算机及运行在其中的各类系统本身是没有自我、也没有目的感的,具体到自动化管理系统,就意味着需要管理者为系统定义目标,那么该管理者就需要对系统承担的任务以及最终产生的结果负责任,承担责任是人类独有的能力,奥地利著名心理学家维克多·弗兰克尔(Viktor Frankl)教授在《活出生命的意义》(*Man's Search for Meaning*)一书中就明确指出,"负责任就是人类存在之本质",其实,人也只有在一定程度上参与和控制了相关工作时才能承担责任。

因此,企业管理中的非程序化工作难以自动化运行,仍然需要由人类完成。

(3) 半程序化决策

企业的目的是创造客户,即企业的产品和服务需要得到市场的认可,企业才能得到生存和发展,因此,有经济学家提出,企业家需要具有发现机会的才能,发现市场机会是企业家开展经营活动的前提。此外,企业家还要能够调配相关的生产要素,将生产要素高效率、低成本地转化为产出,满足市场的需求。这个过程中,企业家不仅需要具有对市场发展趋势进行定性判断的素养,也需要具备进行各种定量分析的能力,算法工程师可以对后者而难以对前者建立算法模型,这一类就是半程序化的问题,即其中有一部分问题可以采用确定的程序给出明确的答案。因此,基于规则的自动化管理就不可能完全实现解决半程序化的管理需求。

例如,一个中层管理人员经常面对的典型决策可能是:"为什么杭州销售中心近 3 个月完成的订单呈下降趋势?"这位中层将会从企业资源计划系统(ERP)或客户关系管理系统(CRM)中获取有关杭州销售中心的订单以及相关横向与纵向运行效率的比较数据,这是决策的程序化部分。但是,这个经理在得出具体的结论之前,可能还需要访谈员工、走访客户,以收集更多有关杭州当地近期经济发展状况及行业趋势的非结构化信息,这些就是决策的非程序化部分。

企业中大多数管理任务都属于半程序化的问题,针对半程序化的管理问题中可程序化的部分可以建立算法模型和程序,而非程序化的部分就需要管理人员的知识与洞察力了,即半程序化的问题是算法程序与决策人员联手协作解决的,这个过程常常被称为互相增强(augmented)学习。所谓增强学习就是一个管理者与自动化管理系统共同进化的过程,在这个过程中,管理者借助于系统的速度、可扩展性和量化能力,开展管理决策工作;同时,系统也通过不断地学习具有领导力、创造力、社交能力和团队合作精神的管理者们的知识,使自动化的水平更高、范围更广,随着时间的推移，在其准确度、效率和有效性逐步达到一定程度的时候，便逐步协同、替代更多耗时的管理者所做的工作。

随着业务的成熟以及数据的丰富齐备，非程序化的问题可以转化为半程序化的问题，半程序化的问题也可以转化为程序化的问题。而相对于企业管理层级，一般而言，基层管理面对的很多问题是程序化的，中层面对的大多是半程序化的，而高层面对的则基本都是非程序化的。自动化管理彻底改变了企业中可以程序化的任务的完成方式和相关的工作人员配置，不过仍然可以肯定的是，自动化管理的更大影响在于补充和增强企业管理者的能力，而不是完全取代他们，它应是企业管理者的帮手。

5.3　一个供应链自动化管理的实例

本小节介绍作者参加过的一家钢铁贸易企业 M 公司供应链自动化管理的实践。

采购与供应链管理是公司持续竞争优势的核心来源，其上游有数十家供应商，下游有数千家客户，这里分别仅用 B 钢铁公司和 G 汽车公司来说明，图 5.3 是一个简化的示意图。由于钢铁产品有生产周期的限制，在传统模式下，G 汽车公司通常依据自己的生产计划给 M 钢贸公司下达下个月的多个车型、数百种零部件的采购计划,亦即 M 公司需要为 G 公司保留两个月生产所需的原材料库存,M 公司汇总所有客户的订单后还需要向 B 钢铁公司传递相应的采购计划。该过程中不仅存在合同、加工、仓储、提货、物流和结算等复杂的环节,而且还常常会遇到"计划没有变化来得快"的情况,哪怕 G 公司一天对某个品种零部件的需求量达到了两个月的计划量,M 公司也必须满足。

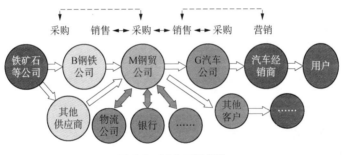

图 5.3　M 公司供应链

　　M 公司传统的做法是,安排多名工作人员借助于信息系统,分别负责不同产品的采购与销售。其实,M 公司保证 G 公司对库存的需求是有难处的,一方面,国家之间可能发生的贸易冲突使得上游 B 公司的原材料铁矿石存在不确定性,另一方面,保持两个月库存量所占用的资金等成本很大,钢铁产品市场价格波动也很大。随着下游 G 公司的产品品种越来越多,越来越小批量化,尽管 M 公司近年来对信息系统进行了持续的投资,供应链中的主要环节均实现了信息化,但是,M 公司供应链管理依然面临三大挑战：

一是数据挑战。信息系统中的数据呈指数级的增长，这些累积了若干年的大量数据不仅没有发挥作用，反而占用了系统的资源，系统本身和工作人员的处理能力越来越不足。

二是交互挑战。对销售与采购这两项活动，公司虽然不断增加人员，但是与上下游之间以及公司内部部门之间的沟通与协调愈加不畅，相应的管理成本大幅上升。

三是创新挑战。原有模式下，M公司的销售对接G公司的采购，M公司的采购对接B公司的销售，而"对应着计划的变化"却主要来自G公司的营销部门对某款车的营销成果和B公司的采购部门所掌握的原材料供应的稳定程度。

M公司原有的模式难以保证持续地扩大业务规模了，同时，效率和效益也有降低的趋势，"功不十，不易器；利不百，不变法"，在此背景下，M公司选择进入数字供应链（Digital Supply Chain）转型阶段，这将改变传统的采购与供应链的运营、组织和关系模式，管理自动化就是其中的一项重要任务。

企业的目的是创造客户，而企业为客户带来价值的并不是哪个部门、哪个岗位，而是一个完整的业务流程。因此，M公司明确开展自动化管理的对象应该是业务流程，而不是某一项具体的活动，而企业流程自动化的目标主要是使流程更精简、高效，大规模业务流程管理自动化也是企业数字化转型的重要特征。

M公司部署与实施供应链管理自动化的过程如下：

（1）公司召开了四天的全员研讨会，主要讨论公司供应链管理中面临的需求和挑战，并开展人工智能基本原理的培训，提出公司下一步的自动化管理解决方案。

（2）与咨询公司合作，分别对与上下游以及第三方之间的业务流程进行抽象整理，从上百个主要流程中识别具有高度重复性的数十个核心业务流程，确定优先为这些流程开发可以开展自动化管理的解决方案。这里的高度重复性是指在多个岗位执行或某个岗位高频率执行。

（3）将选定的业务流程转换为算法模型开发人员能够阅读的工作流程，进行算法建模。在建模过程中，分类确定程序化流程、非程序化流程和半程序化流程，对程序化流程和半程序化流程中程序化部分的算法模型进行构建，同时确定算法模型需要用到的数据及对数据的要求。

（4）预算构建、运行和维护算法模型的成本，同时计算算法模型可替代的全职员工的工时，估算运行算法模型所产生的效率与效益影响，进而创建每一个算法模型的投资回报率。

（5）依据上述过程的结果选定相应的业务流程开展算法模型的软件实现、调试、试运行和实际投入运用。在此过程中，对全员持续进行培训，开展变革管理教育，培养员工自动化管理的思维和企业的文化。

（6）持续优化、增强已投入运行的算法能力，逐步增加自动化管理流程的数量。

在 M 公司库存管理的流程中，一个典型的程序化流程就是依据客户需求自动生成订单，主要活动包括：系统每天定时接入 G 公司计划系统抓取最新发布的生产计划，依据 BOM 表自动分解为公司的采购计划；或接受其他客户的电子邮件、Excel 或 Word 文档等文件，自动生成采购计划。

然而，上述自动生成的采购计划并不能作为 M 公司给上游 B 公司下的订单。因为，M 公司不愿意也不需要为 G 公司保持两个月的库存，同时上游 B 公司的生产也存在不确定性。这就是半程序化管理决策的问题，即一方面，因为 G 公司的计划一定会有波动，针对这个波动可以依据历史数据建立相应的算法，自动化管理系统就可以确定每一种零部件的波动值；另一方面，M 公司的销售与采购部门定期（如每天或每周）分别与客户的营销部门、供应商的采购部门沟通，以把握客户的产品营销活动和供应商的原材料保障信息。

当然，国家政策的变化、市场发展的趋势、突发性的疫情或其他自然灾害甚至区域战争的影响等属于非程序化的管理决策问题，需要管理者的智慧。

综上，M 公司最后才确定自动转发给供应商 B 公司的订单。该系统的建立与运行，不仅为 M 公司提高了日常工作的效率，而且还带来了巨大的效益，以为 G 公司准备的库存为例，周转期就从 127 天减少到 47 天。

M 公司建立供应链管理自动化系统，其初心并不是取代员工，而是充分运用积累的大量数据，在采购和销售两个环节上协助员工与企业内外开展交互，简化端到端的流程，并为客户、为公司创新增加业务价值。该系统除了参与完成日常的工作流程外，每日还为不同岗位的人员创建市场数据报告、客户评估报告、库存异常报告等，管理自动化也改变了公司文化以及员工的工作方式。

5.4　企业开展自动化管理的基础建设

正如在本章 5.1 小节所分析的，自动化管理的核心技术是人工智能，而模型（算法）、数据与算力是人工智能的三大基石，落实到自动化管理中，模型实现的就是连贯的业务流程，模型的正常运行需要输入正确的数据，当然，模型、数据的运行需要 IT 基础设施。

（1）业务流程梳理

亚当·斯密的分工理论指导企业管理者们细化工作任务单元，一方面大幅度提高了企业的生产率，另一方面也带来了营销、生产、财务等专职职能部门以及科层式组织架构形式，使得企业中存在着大量各自为政的破碎性流程。企业开展自动化管理首要的基础就是需要将业务流程连贯化,正如迈克尔·哈默 (Michael Hammer)教授等在《端到端流程：为客户创造真正的价 值》(*Faster*, *Cheaper*, *Better*：*The 9 Levers for Transforming How Work Gets Done*)一书中所阐述的,工作不应该是一系列分 散的活动,而应该用端到端的连续体来代替。

其实,反过来说,业务流程连续化的前提还是做好分工,因 此,对分工进行重新安排就是连贯业务流程的路径。对分工重新 安排有两种思路,一种是从下游客户出发推动需求,再推向内部 的流程,即由外而内跨组织打通业务流程;另一种是把提高效率 作为出发点,将内部能力和资源跨职能整合成连贯的流程。

因此,适合管理自动化的企业业务流程应该具有明确的规 则,因为只有针对结构化的问题才能构建算法模型,同时,自动化 程序的执行也需要精确的指令。然而,对企业而言,不可能没有 异常的情况,如果对异常情况进行自动化管理的算法建模,复杂 度就会大幅增加,或者即使有的流程不会有异常情况出现,但是 可能一周或一个月才执行一次,那么由人工完成这些异常的或低 频率的流程即可,这不仅是出于成本的考虑,也是从减少系统运 行的复杂度出发的。

（2）应用数据准备

运用系统开展自动化管理的方式和人工不一样,它们不是通 过模仿人们的思维方式而建立的,而是建立在算法模型和数据基础上的，也就是将过去需要人类的智慧去解决的问题转变为了计算问题。人类的思考与推理等智慧活动常常并不需要很多的数据，而且人脑处理数据的能力也很有限，因此，人们常常会运用自己的直觉和经验进行决策，这也是人类擅长的活动，所以，以前的银行等机构就称经验丰富的员工为"老法师"。而自动化管理系统则需要更多的数据和计算能力，而"不知疲倦"地运行和处理大量的数据是计算机系统所擅长的，所以算法模型和数据就成为当今的"老法师"了。

　　自动化管理系统需要的数据主要来自业务管理系统，在很多企业，这些数据大部分已经存在于现有的系统中，包括在企业之间进行数据传输的电子数据交换（Electronic Data Interchange，简称 EDI）系统，还有 ERP、PLC、SCM、CRM 以及 MES 等集成系统，这些系统覆盖了企业从销售到采购以及物流、付款等流程，共同组成了企业自动化管理系统的数据神经系统。因为系统访问系统的能力很强，即信息管理系统从一个系统转换到另一个系统可以在"黑箱"中进行，其速度快于人工，因而不仅效率高，而且减少了人工成本。

　　因此，企业构建自动化管理系统并不需要把原有系统推倒重来，当然，企业针对自动化管理的实际需求，可以开发诸如物联网应用系统并运用区块链技术等，采集流程所需要的即时数据并保证数据的安全。

（3）IT基础设施提供

实施企业管理自动化，所需要的IT基础设施大部分都可以与原有系统共享，包括：计算机硬件、操作系统、企业应用软件、数据管理及存储、网络/通讯平台以及咨询系统集成服务等。

就企业管理自动化的应用软件而言，一般有两类，一类对应程序化流程，通常被称为机器人流程自动化（Robotic Process Automation，简称RPA）。常见的RPA软件具有两个特点：一是配置简单，应用人员不需要掌握很强的编程技能，只需要拉动图标把流程中的步骤表达出来，代码便会自动生成；二是RPA产品不需要侵入和触及其他诸如ERP等系统底层，不存储任何数据，只需要通过表示层即可对其他系统进行访问。

另一类对应半程序化流程，通常被称为认知自动化（Cognitive Automation，简称CA）或认知智能（Cognitive Intelligence，简称CI）。这类软件工具需要与业务工作人员通过逻辑推理等开展交互活动，并应用知识解决问题，应用过程比RPA较为复杂。

虽然说引入新的IT技术能够大幅度提高系统运行效率，但对大多数中小企业而言，新技术的成本很高，需要智能地使用，即必须要考虑投入产出。企业开展管理自动化，一项能有效降低成本的技术选择就是虚拟化IT资源的云计算，包括：基础设施即服务（IaaS）、平台即服务（PaaS）和软件即服务（SaaS）等形式。

5.5　本章小结

　　自动化生产与自动化管理可以分别在体力与智力方面帮助和替代劳动者,因而,一方面对劳动者受教育的程度以及工作技能要求就更高了;另一方面,也让一些岗位对劳动者的要求降低了。正如一直以来人们对自动化生产的"爱恨"交织,自动化管理与劳动者之间也存在着对立统一的关系,其"双刃性"同时会带来企业的竞争优势和管理人员潜在的抵触情绪与行动。

　　在工业革命初期,亨利·福特(Henry Ford)曾感慨道:"为什么每次我想雇佣一双手,却总要带上大脑呢?"自动化管理是不是就实现了亨利·福特的愿望呢? 其实不然,因为自动化管理的算法模型来自管理人员的智慧,算法模型需要得到管理人员的训练而不断优化,同时,算法模型产出的结果需要管理人员阐释和负责。此外,自动化管理扩展和补充了管理者的能力,而不是减少或限制了管理者的能力。

　　企业自动化管理的重点是业务流程,而不是某个环节的优化,借助于业务流程的自动化管理,企业可以提高效率(efficiency)和效益(effectiveness),即针对程序化和半程序化的流程,自动化管理系统可以分别帮助管理者"正确地做事"和"选择做正确的事"。

　　实施自动化管理,最终可以帮助企业实现数字化管理转型。

从企业数字化发展到数字化企业

企业新的数字化之道

20世纪80年代,美国著名未来学家阿尔文·托夫勒(Alvin Toffler)在著名的《第三次浪潮》(*The Third Wave*)一书中对由科学技术发展引起的人类文明进化阶段进行了划分,将人类科学技术的每一次巨大发展称为一次浪潮,认为新的浪潮一定会冲击前一次浪潮的文明,从而建立起与其相应的经济类型和社会面貌。他认为人类已经经历了两次浪潮文明的洗礼,第一次是农业革命,人类从原始采集渔猎时代进入以农业和畜牧业为基础的文明社会,适应该时代的社会结构是简单的家庭内劳动分工和自给自足的分散经济;人类文明在第二次世界大战以后迎来了第二次浪潮,即工业革命,在这个时代,技术发展突飞猛进,使用不可再生的化石燃料作为能源基础,家庭不再是共同劳动的经济单位,生产与消费分裂,工厂组织的原则应用于一切机构,组织走向集权化等,与该时代相适应的核心社会结构的主要特征是小家庭、工厂式学校及大公司。

托夫勒当时认为经济发达国家正孕育着第三次浪潮,其主要的技术是电子工业、宇航工业、海洋工程以及遗传工程，然而，社会进步不再仅仅以技术和物质生活水准来衡量，精神文化的富足也成为重要指标。随着第三次浪潮的到来，人类世界从工业社会发展到信息社会，它鼓励个性、人与自然和睦相处等。

40 多年来，托夫勒笔下的信息革命已经成为现实，信息化（informatization）是千禧年前后被高频率使用的一个概念，在企业生产经营活动的过程中，已经广泛地引入了信息处理技术，数据成为生产要素，算法成为各种活动的参与者和执行者，给社会和经济发展带来了全新的格局，使得企业的数字化从概念到实践都在向数字化企业方向发展。

其实，"数字化"一词对应着两个不同的英文单词：digitized 和 digital。前者的含义主要是"数字化的过程"，当然，有"过程"也就有过程中产生的结果即"系统架构"；后者则主要是指"数字化的状态"，同理，有"状态"也就有状态中体现的"核心价值"。"数字化的过程"（digitized）和"数字化的状态"（digital）也分别代表了企业数字化的老、新之路。

本章将从企业数字化和数字化企业这两个概念出发来理解企业管理的发展、现状与趋势。

6.1　企业数字化与数字化企业的各自目标

　　数字化(digitized)就是多年来企业开展的信息化建设工作，企业信息系统的一般概念架构如图 6.1 所示，即通过建设 ERP 优化、整合企业的业务流程，通过建设 SCM 使得企业与上下游共享信息等资源以减少库存，通过运用 CRM 将企业有限的资源投入给最有价值的客户，通过实施 MES 及时掌握生产运营过程中的各种基础信息以实现快速决策，通过 eBusiness(电子商务)系统联通商业环节中的各个相关者，等等。

　　尽管对应不同的行业和不同的企业，上述系统的名称不尽相同，但是，这些系统都是建立在 IT 基础设施之上的，包括：计算机的软件和硬件、网络、数据库等。由于 IT 技术发展迅速，建立在这些 IT 基础设施之上的各类系统以及系统所体现的管理思想、管理方法和管理工具等随之也不断变化，因此，在数字化过程中，企业需要对相应的业务流程、组织架构等进行调整甚至再造才能发挥出这些数字化系统的应用成效。

　　由上述系统所分别达到的目标可以看出，应用这些数字化系

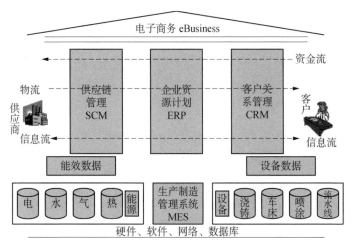

图 6.1　企业数字化（digitized）信息系统概念架构

统的成效主要就是"提高运营效率，降低运营成本"。

　　进入移动互联时代以来，随着物联网、大数据和云计算等技术及其应用的普及，客户的价值期望、员工的价值追求和企业的价值创造过程等与传统相比都发生了巨大的变化。客户尤其是最终的用户期望能够得到个性化的产品和服务，员工对企业也不再是单一的依附关系，而是更多地追求个人价值的实现，企业运营所需要的资源也不再必须是企业自身所拥有的资源，还可以是企业外部资源，同时也需要让自身拥有的资源能够与外部共享。因此，产品、服务的传统生产方式以及相应的企业形态和商业生态系统都随之发生改变，企业数字化也有了不同的本质含义，一个根本的变化就是从"数字化"（digitized）以"提高运营效率，降低运营成本"为目标，进展到新的"数字化"（digital）（即数字化的企业）以"拓展业务，增长收入"为目标。

从企业数字化（digitized）到数字化（digital）企业转变的一个典型企业就是海尔集团。诞生于 1984 年的海尔在经历了产品从卖方市场到买方市场转变的挑战后，张瑞敏先生为了防止已经成为一家大企业的海尔陷入"大企业病"状态，从 1998 年 9 月开始延续十多年，海尔开展了"市场链流程再造"项目。该项目强调用连贯的业务流程来取代过去各个部门分开的各自为政的破碎性流程，把市场中的利益调节机制引入企业内部，把企业内部的上下流程、上下工序和岗位之间的业务关系由原来的单纯行政机制转变成平等的买卖关系、服务关系和契约关系，通过这些关系把创造的外部市场订单转变成一系列内部的市场订单，形成以订单为中心、上下工序和岗位之间相互咬合、自行调节运行的业务链，每个流程、每个工序、每个人的收入来自自己服务的顾客。

"市场链流程再造"目标的达成程度取决于企业管理中信息传递和处理的能力，张瑞敏先生曾经总结道，没有信息化，再好的业务流程、组织架构再造思想都很难实现。因此，海尔先后引进了 IBM、HP 以及 SAP 等咨询公司和软件系统，即海尔在该阶段的数字化建设是以流程再造为核心的，运用数字化系统从根本上使能（enabling）对原有的组织结构进行重新设计和整合，使得原来直线的职能型结构初步变成了平行的流程型结构，优化了管理资源和市场资源的配置，数字化从业务流程和组织结构层次方面提高了企业管理系统的效率和柔性。

海尔在数字化（digitized）过程中的各个时期所实现的系统架构支持了张瑞敏先生的战略思想的实现，帮助海尔战胜了从卖方市场转变到买方市场以及"大企业病"等的挑战。随着移动互联时代的到来，张瑞敏先生认识到，企业与用户之间已没有了距离。为了快速满足用户的需求，从 2012 年 12 月开始，海尔相继发布了网络化战略、平台生态圈战略和创世界级物联网模式的战略，这些战略中贯穿着企业平台化、用户个性化和员工创客化的"三化"转型思想，以及不断完善的"人单合一"双赢管理模式。

海尔的"三化"转型思想及其管理模式的实施，需要新的数字化系统的支持，这个新的数字化（digital）企业系统表现出来的状态必须具备连接的能力，即连接用户以及为实现用户需求而需要合作的生态体系，并通过连接开展交互，海尔因此就会不断地扩大其业务边界。所以海尔新的数字化目标就不仅是提高运营效率和降低运营成本了，而且要围绕满足用户的无尽需求，不断拓展企业的业务范围、增加企业的收入了。因此，可以认为海尔正在从企业数字化（digitized）走向数字化（digital）企业阶段。

综上所述，企业数字化（digitized）更多地关注企业自身的效率，涉及企业管理的流程和组织调整等，带来的是企业效率的提高和成本的降低；而数字化（digital）企业关注的则主要是外部市场各种个性化需求的最大满足，涉及企业的组织形态的创新，带来的是企业业务的拓展和收入的增长。

6.2　数字化企业带来增长

传统的竞争优势是由企业所选择的行业结构以及企业所掌控的资源所决定的，而近年来，数字化技术使得企业竞争优势的决定要素又增加了有效利用外部生态资源的能力。要具备这项能力，企业就需要平台化，平台化就是数字化（digital）企业的状态，这可以从互联网技术及应用对企业的生产要素、对企业本质的回归、对内部员工和外部客户三个方面的影响来理解。

（1）互联网技术及其应用对企业生产要素的影响

互联网技术及其应用发展的天梯如图 6.2 所示，逐步出现的移动互联网（Mobile Internet）、物联网（Internet of Things，简称 IoT）、社会化媒体（Social Media）、云计算（Cloud Computing）、大数据（Big Data）、人工智能（Artificial Intelligence，简称 AI）和区块链（Blockchain）等技术及其应用，使得企业的运营所需要的连接（Connecting）、信息（Information）和计算（Computing）三大要素的成本大幅度降低，产业经济学理论告诉人们，某个行业运营要素成本的大幅度降低一定会带来该行业的巨大变革,而连接、信息和计算几乎是所有行业都需要的运营要素。因此,要适应新的互联网技术及其应用带来的变化,几乎所有的行业都需要变革。

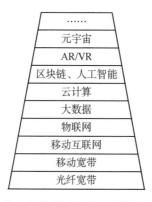

图 6.2　互联网技术及其应用发展的天梯

（2）互联网天梯促进了企业本质的回归

无论数字化是多么的时尚,对于企业来说,都必须知道根在哪里,否则就会对迅速变化的环境无所适从而随波逐流,这个根就是对企业的目的的理解以及由企业的目的出发所理解的企业的本质。本书在第 1 章就阐明了"企业的目的就是创造客户(包括用户)"这个结论。

然而,进一步分析,在市场经济环境下,客户拥有的选择权就带来了企业之间的竞争,要赢得竞争就需要企业更高效率、更低成本地满足客户的需求。亚当·斯密提出的分工理论认为分工可以带来效率以及相应的效益，然而，虽然分工越细，单个工种的效率就越高，但整体效率却不一定高，因为存在着英国经济学家罗纳德·科斯在《企业的性质》中所描述的"交易成本"。不过，如果把外部大量的交易活动变成组织内部的协调活动，就可以降低相关的交易成本，因此，企业就有了存在的理由。也就是说企业作为一种经济组织，在一定程度上是市场的一种替代，只是在这个所替代的市场上交易的只有上下游少数企业和客户，并不是一个完全的市场。其实，企业内部也存在交易成本，尤其是"大企业病"的存在，使得企业的内部交易成本甚至会高于外部交易成本。

产生外部交易成本和内部交易成本的一个主要根源就是信息不对称（Asymmetric Information），即在交易中存在着一方所掌握的信息不被另一方所知道的现象，而信息传递和处理的能力不足是产生信息不对称的重要原因。

随着 IT 技术的发展，企业建立的 ERP、SCM 和 eBusiness 等系统有效地降低了内部和上下游之间的信息不对称程度，但正如企业是市场的替代一样，这些数字化系统也只是降低了上下游企业和客户等相互之间的信息不对称的程度，并没有使企业成为一个真正有效的市场。然而，一些企业以互联网的天梯为基础转型为平台后，一个比传统企业更有效的市场替代就出现了，例如，海尔建立了一个新的数字化（digital）平台系统卡奥斯平台，该平台整合了从需求、设计、金融到供应、生产和物流等各种角色的个体和组织等,可以让用户全流程参与产品的设计研发、生产制造、物流配送、迭代升级等环节,真正地达到了以"用户需求驱动"作为企业持续创新、提供产品解决方案的源动力,不仅让分工更细进而带来更高的效率和更低的成本,而且把传统的"企业和用户之间只是生产和消费关系"转化为了"创造用户的终身价值"。

因此,互联网天梯的发展促进了本质上是为创造客户而存在的企业组织的变革,这个变革的方向就是平台化,平台化企业组织的主要目标并不仅仅是为了拓展新的客户,而且是为了满足用户的各种个性化需求,由此,平台化的企业就会不断地拓展新的业务而增长其收入了。

(3) 企业平台化的哲学基础是实现人的价值

任何一个企业都需要处理好与外部的用户和内部的员工之间的关系。

长期以来,客户(customer)是企业产品或服务的购买者,客户与企业之间是买卖关系,双方一次交易成功完成后,客户在客观上为企业贡献了利润,但是企业常常难以了解具体的用户(user)对产品或服务的使用情况,当然,用户也很难直接向企业提出自己个性化的需求。

而员工属于企业的雇员(employee),是执行企业决策的角色,员工在企业范围内的自主性非常有限,本质上员工是被企业雇佣来创造利润的一种工具。然而,近年来,企业员工实际行为

发生了很大的变化，著名的人力资源管理跨国公司怡安翰威特
(Aon Hewitt)在新冠肺炎疫情之前发布研究报告称，中国的员工
离职率达到了 20.6％，其中主动离职率为 15.5％，被动离职率为
5.1％，主动离职的一个重要原因是对薪酬体系的不满意。其实，
企业多年来已经逐步形成了几种成熟的薪酬体系，包括：根据每
个人的职位、每个人的工作岗位发薪的宽带薪酬机制；激发员工
和职业经理人完成一定的经营指标的期权激励机制；或者是采用
股权、薪酬加提成、福利、奖金、津贴等综合机制。然而，所有这些
薪酬体系的决定和兑现的最终权力其实都在领导手上，员工的个
人价值超出的部分很难得到应有的回报。2016 年诺贝尔经济学
奖获得者奥利弗·哈特(Oliver D. Hart)教授就认为因为信息不
对称、有限理性和交易费用的存在，现实中的契约通常是不完全
的，因此，在常见的薪酬激励体系中，"剩余收入和剩余控制权并
不一定——捆绑在一起的"，他认为，为了充分发挥员工的积极
性，劳动者应该成为所有者之一。

　　其实，移动互联技术的应用使得信息不对称所带来的交易成
本有了大幅度的降低，因此，亚当·斯密的分工理论在实践中可
以得到进一步强化，掌握一定知识和技能的人们可以不再依附于
某个组织而生存，一些劳动者逐步成为自由职业者。美国自由职
业者联盟等机构出版的《第五届美国自由职业者研究》(2018)白
皮书称："美国自由职业者现有 5 670 万人，超过总劳动力的
34％。"该白皮书还认为人们越来越多地选择这种工作方式的原

因是，一方面，主观上人们想要以自己喜欢的生活方式体验人生，虽然非自由职业者和自由职业者都以实现自身想要的生活方式为优先，但是自由职业者更有可能得到自己想要的生活方式；另一方面，客观上网络技术使得找业务变得更容易，自由职业者中有64%是通过网络找到业务的，这一数据自2014年以来增加了22%。

因此，无论是理论还是实践，都证明传统的企业形态需要变革才能适应用户和员工的需求，而平台化就成为企业一个有效的形态。平台化的企业就践行了德国哲学家康德的思想"人是目的，不是工具"，即让企业外部的"人"从"客户"变成了"用户"，让原本是企业内部的"人"从"雇员"变成了"伙伴"。

综上所述，成为数字化企业，就是围绕着"体现劳动者的价值、实现用户个性化的需求"这个宗旨，通过企业"与生态伙伴共创共享价值"的数字化平台，顺应互联网天梯发展的趋势，并达到企业的"拓展业务、增长收入"等目标。

6.3 数字化企业的构建

传统管道式(Pipeline)的企业形态是以企业为中心的，如图6.3所示，价值链呈单向线性，企业一般先设计和生产出产品或

服务，然后再投入市场进行销售，用户最后才出现与购买。传统
管道式企业由于自身资源有限，难以满足用户多样化的需求。

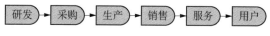

图 6.3　企业传统的管道式形态

构筑数字化企业的出发点就是满足用户个性化的需求，与传统的电子商务平台所思考的 2B 或者 2C 思维不同，数字化企业是2 U(User)的思维。因为越来越成熟的自动化、大数据以及人工智能等技术使企业越来越有可能自主地配置流动性的资源，针对满足用户需求的任务，配置能够最好地完成这些任务的包括人员在内的各种资源，这些资源可能是在组织内部的，也可能是在组织外部的。

因此，建立在新的数字化(digital)系统之上的数字化企业形态就成了平台，该平台能够高效率、低成本地整合内、外部的各种资源，匹配用户的个性化需求，如图 6.4 所示。

从图 6.4 中可以看出，数字化企业的核心是新的数字化(digital)方案。该方案的参与者包括了具有个性化需求的用户以及运营者、设计者、供应者和制造者等各种社会资源；方案的产出有两类，一类是用户需要的产品和服务，另一类是用户以及各类参与者之间互动而产生的大量知识，这些知识可以帮助企业洞察用户的价值主张和需求，以此开展精准营销、敏捷响应和智能生产；当然，组织、流程等方面具有开放、合作特性的企业在数字化

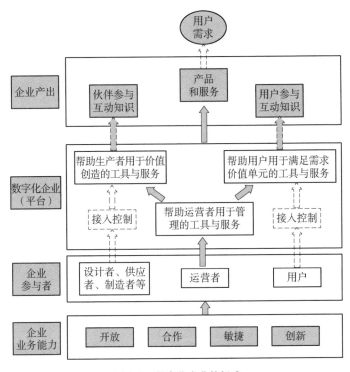

图 6.4　数字化企业的组成

平台的支持下，业务就具备了敏捷和快速创新的特性。图 6.4 中的虚线箭头指向的是参与平台的各方都关心的自身的收益，对用户来说就是付出金钱或知识获得自己需要的产品和服务，对其他参与者就是收益变现。

由图 6.4 中数字化企业（平台）部分可以看出，平台的原型实际上还是传统的交易市场，只是传统的市场是隐性的，因为受到信息传递能力的限制；平台则受助于数字化技术，消除了时间和空间的限制，在用户与各类供应者之间准确、迅速、便捷地开展连接和交互，再辅之以数字化的支付工具，就大幅度地降低了交易成本。因此，与传统的企业是市场的一种替代一样，平台也是市场的一种替代，是企业形态的演变。

在平台中，随着多方交易者数量的增加，连接的数量会呈指数级增长，因为"连接"是企业运营的要素之一，依据双边（多边）市场理论，平台不仅可以带来传统的供应规模的成本优势，而且还可以带来需求规模的经济优势。在用于帮助管理者的工具与服务支持下，平台可以产生积极的网络效应，从而创造出奇迹般的增长。

提及企业平台和网络效应，一般都会想到亚马逊、苹果、美团和阿里巴巴等抢占了消费互联网先机的公司，只是这些企业的参与者还是有限的，尤其是很难让用户参与满足其需求的全流程。随着移动互联、物联网和云计算等新技术的普及，经济进入了产业互联网时代，包括传统互联网企业在内的各个产业的企业都面临着转型升级的挑战和机遇，指导企业转型升级的理念就是围绕满足用户的需求而平台化。

例如，在汽车流通环节中，对于汽车经销商来说，传统观点认为汽车品牌和产品都是厂家的，经销商唯一拥有的就是客户资源，经销商利用厂家的品牌和产品以及自身服务客户的能力实现盈利。然而，当经销商把用户和不同的汽车厂家、零部件供应企业、金融服务企业甚至自由的维修人员等都集成到数字化平台上时，那么相关的连接数就会大幅度增长，经销商服务于用户需求的业务范围以及业务量自然会得到增长。进一步从满足用户需求出发，汽车厂商其实也在数字化转型，例如，奥迪汽车就正基于亚马逊的 AWS 平台，试验基于智能互联汽车的共享经济服务，通过满足来自家庭、小区和写字楼等不同用户的需求，用不同的方式帮助人们解决移动出行问题，由此开辟了一个新的业务领域。

值得一提的是，无论是经销商还是厂商，都难以独自完成用户需求的创新，需要围绕用户的需求建立产品、服务和知识产权等方面的生态系统。生态系统不仅有利于核心竞争力的建立和传统价值来源的巩固，而且也会为企业提供在传统的行业结构、竞争地位之外的价值来源，为企业带来增长和回报。

在此，再次回顾一下在第 2 章曾经提及的小米集团。诞生于互联网、主要从事传统产品生产和销售的小米集团就是一家已拥有生态系统雏形的平台型企业。小米在 2010 年创立时就利用在线互动社区了解用户的需求，以对其软件进行改进，从而建立了用户的忠诚度和信任度。在与用户不断的互动中，小米感知到了用户的进一步需求，意识到要留住用户、增加用户的黏性和提高用户的转换成本，并增长公司的收入，就需要创新打造一个类似于 Apple 产品的生态系统。小米于是与其潜在的用户在互动合作中协同设计了小米手机，也就是说并不仅仅是小米为用户设计了手机，这款手机在 2011 年年底通过网络 3 小时内就销售了 10

万台。到 2018 年年初,小米基于其平台逐步投资孵化了 100 多家包括硬件、软件产品以及金融服务等在内的生态链企业。2018 年小米在香港上市,全年的总收入达到了 1 749 亿元人民币,增长52.6%,2019 年成为世界上成立时间最短的进入世界五百强的一家企业,2021 年全年总收入达到了 3 283 亿元人民币。

小米等企业平台化的过程实际就是构筑数字化企业的历程。在这个过程中,企业逐步建立新的数字化方案,提供用户与企业等伙伴之间开展持续交互的数字化平台,一方面把握了用户的需求,另一方面整合了企业生态系统资源。最终,在发展用户的忠诚度和信任,尤其是对企业的品牌、产品和服务的激情的基础上,企业实现了业务的跨界和收入的高速增长。

6.4　构建数字化企业过程中存在的陷阱

近年来,一些传统企业试图模仿平台型企业的成功,然而,现实并没有那么简单,一个典型就是开展"产业互联网计划"(Industrial Internet)转型的企业美国通用电气(简称 GE)。

2008 年金融危机之后,由于全球性的产能过剩及经济下行,GE 的客户一方面无力采购更多的产品,另一方面定制化的需求给 GE 传统制造模式带来挑战，同时，非传统的竞争者也出现了，IBM、SAP 等企业利用 GE 的电力、交通和医疗等设备为用户提供数据分析与咨询服务。在这样的背景下，2013 年 GE 确定将数字化转型作为发展重点，提出了产业互联网战略：建立一个开放的全球化网络平台 Predix，将机器、数据和人连接起来，提供数据集成和分析服务，从而促成实时的和可预测的解决方案，以优化面向 GE 多样化客户群的复杂运营业务，包括定制产品、预测维修、维护需求以及提供绩效和运营的辅助决策信息等。为了集中力量完成数字化转型的目标，GE 在 2015 年还成立了新的数字集团 GE Digital。

然而，GE 在这个过程中需要解决的问题有很多，包括：用户将数据开放给 GE 的信任问题，新的服务模式的定价问题，数据及分析所带来的知识产权归属问题，生态系统是选择 Android 式的开放模式还是 iOS 式的封闭模式的问题，开展新的服务业务所需要的与原制造业务所需要的不同人力资源问题，公司内部各个业务单元与 Predix 平台之间的关系问题，承担数字化转型任务的 GE Digital 绩效指标问题，GE Digital 与具体的业务数字化之间的关系问题，等等。

但是，上述问题还没有完全解决，GE 的效益与股价却创了近年来的新低，更有甚者，GE 一直以连续 110 年入选道琼斯指数为傲，却在 2018 年 6 月 26 日被踢出了道琼斯指数。GE 的数字化转型还在路上，难以下结论是成功或是失败，不过，GE 遇到的问题是每一个企业在新的数字化过程中都会遇到的挑战，其中存在更多的陷阱。典型的陷阱有：

首先，概念导向的陷阱。例如，提及企业数字化转型，人们大多会展望大数据分析业务巨大的市场前景，其实迄今为止，成功的大数据应用业务并不多见，而且其中存在着法律、安全、产权和隐私等多种风险。企业新的数字化之路不应以概念为导向，而该从用户的真实需求出发，与生态伙伴共创共享。

其次，技术导向的陷阱。社交、人工智能、AR/VR、区块链、5G……新的数字技术与应用源源不断，一些企业的数字化成了新技术应用的试验场。然而，阿玛拉定律告诉人们：我们总是高估一项科技所带来的短期效益，却又低估它的长期影响。其实，影响企业新的数字化的大多不是新兴的或者是被称为"颠覆性"的技术，而是成熟的甚至是"传统"的技术。

第三，自主引领的陷阱。颠覆行业的数字化转型构想常常让企业认为必须从头自主做起，否则可能会被他人赢得先机，因此，从平台的构建到生态的营造这些企业都企图自主引领。其实，这样的做法与共创共享的新的数字化思维是相悖的，奥迪汽车的共享出行就是建立在亚马逊的 AWS 平台上的，并不是自主开发的，小米的生态大多是合作企业，也不是自主从零投资的。

最后，快速成功的陷阱。数字技术的高速发展让企业产生紧迫感甚至焦虑情绪，以为新的数字化转型也必须快速实现。例如，GE 在 2015 年的软件收入是 31 亿美元，当时的 CEO 伊梅尔特提出到 2020 年时，GE 软件收入要达到 150 亿美元，成为全球的"十大软件公司"之一。这个计划难以实现的主要原因是，一个成熟企业的新的数字化转型需要进行大规模的组织变革，而放弃遗留的系统、业务流程和企业文化并不容易，组织变革需要很长的时间，过去的成功并不能确保今后的成功。

6.5　本章小结

一个新的数字化战略的制定要比执行容易得多。事实上，海尔、奥迪、GE 和小米等，目前仍处在数字化企业发展的起点处，很难确认任何一家企业已经成功地完成了数字化企业转型。

数字化企业本身并不是企业最终的目的地，也没有改变企业的本质，它是引导企业实现应有经济规律过程中的一个必经的阶段，与以往的企业数字化（digitized）以对内"提升效率，降低成本"为主不同的是，数字化（digital）企业将关注点转移到了对外"实现用户的需求"。因此，数字化企业是企业形态平台化的演变，它帮助企业以实现用户的需求为中心，集聚生态资源，从红海中发现蓝海的方向，带来的价值就是：拓展企业业务，增长企业收入。

第 7 章

产业互联网

企业的新机遇

针对一个国家在基础设施方面的投资与建设,曾经担任过美国麻省理工学院(MIT)斯隆管理学院院长的莱斯特·C.梭罗(Lester C. Thurow)教授认为:"基础设施的有效服务是前进速度和取得最后胜利的关键。"他还认为:"后起国家有个主要优势,就是有一步跨到新技术上的可能,即跳过先行者必须经历的阶段。如果技术选择上判断正确,不仅可以跃进到目前最好的技术上,而且可能达到超前发展的技术水平上。"

　　自20世纪90年代以来,我国对高速公路、高速铁路、高压电网等传统基础设施的建设投资,不仅短期内为GDP的增长带来了贡献,而且长期来看,也让人员和物品以及相应的资金的流动变得更加快速和通畅,从而为我国高速的经济发展和社会进步提供了基础性先导条件和支撑作用。

　　在商业活动中对应着人、物和资金等流动的还有数据和信息,因此,具有数据传输功能的互联网就帮助人们打破了时空界限,得到了大规模的使用和广泛的渗透。故而,互联网与公路、铁路、电网等一样,也成为社会与经济发展的基础设施,而且在某种程度上还超越了传统的基础设施。一方面,互联网使得数据和信息本身就可以成为产品或服务,改变了音乐、图书、媒体和金融等行业;另一方面,数据和信息也已经被认为是社会经济发展的关键资源要素之一,尤其是信息交换还是人类一切社会活动和商业活动中最基本的活动。因此,具有"数据传输、资源共享和分散处理"等基本功能的互联网以及相关的技术与应用,就成为社会和经济发展的一种重要基础设施。

随着互联网的迅速发展和普及,这类基础设施也逐渐成为引领科技创新、产业革命和社会发展的重要"使能器和赋能器"(enabler),为世界各个国家的政府和企业所重视。近两年来,我国政府适时地提出了新型基础设施建设(简称"新基建")概念并加以大力发展,即通过对信息基础设施的投资,带动传统基础设施转型升级,完善国家经济的创新基础设施,从而提高全要素生产率,实现国家经济的转型与升级。

如果认为传统基础设施为企业的发展带来的是"倍数效应",那么新型基础设施带来的则是"指数效应"。在这样的背景下,所有的互联网公司都变成了传统的互联网企业,与其他传统企业一样,都面临一个新的创新机遇,因此,从发展的视角来理解新基建,产业互联网将是企业的一个新机遇。

本章将从对新基建的理解入手,讨论新基建会为企业带来哪些产业互联网的机遇,以及企业又如何抓住产业互联网机遇等问题。

7.1　新基建促进产业互联网的发展

新基建中任何一项基于新一代信息技术演化生成的基础设施,都离不开互联网,而互联网发展至今已经进入了移动互联时代,因此,5G 是新基建中的通用基础设施,是新基建的核心工程。

光纤宽带、移动互联等通信技术不断升级演进。1G 的出现将人们从固定电话带入了区域性的移动通讯的时代,2G 时代的用户可以语音、短信漫游世界,3G 通过带动数据通信的发展,造就了移动互联网产业,4G 以承载数据业务的无线宽带作为通信的基础设施,使得数据业务超越话音业务成为主流,移动手机也成为一台便携式的迷你计算机,其实,4G 已经可以满足人类移动通信的基本需求。互联网的应用随着技术的发展也从电子邮件,逐步扩展为门户、搜索、音乐、在线下载、物联网,直到今天的小视频和直播带货等,这个发展过程除了与上网的费用尤其是流量费用有关外,主要还与以下三个方面的因素密切相关:

(1)网络带宽。即在单位时间内网络可以传输的数据总量。带宽越高网络数据传输量就越大,传输速度也越快。

（2）连接密度。即网络每平方公里可以接入的终端数量。可接入的终端数量越多，网络的价值越大。4G 的连接密度标准是 10 万/平方千米。

（3）传送时延。即数据在从网络的一端传送到另一个端的过程中，各种处理活动合计所耗费的时间。时延越低，终端的反应速度就越快。

5G 在上述三个方面都有了突破性的进展，被称为 5G 的三大特征：增强型移动网络宽带（eMBB）具有超高速率，海量机器类通信（mMTC）可以带来密度高达 100 万/平方千米的超大连接，并具备超可靠与低时延通信（uRLLC）特征。因此，5G 必将开拓新的应用场景。可以预期的是，VR、AR 等应用将会得到发展，具有大量传感器和模组的大规模并发通信需求将会得到满足，远程手术和以人工智能为核心的自动驾驶、智能机器人等应用的控制与管理也会得到实现。

5G 的三大特征所带来的任何一项新应用场景的实现都会引发相关领域的变革，尤其是"连接密度"的大幅提升，就使得生产制造环节等需要海量物联网设备接入的系统具备了可行性。基于 5G 可以将世间万物连接到互联网上组成工业物联网、车联网、农业物联网，甚至奶牛物联网，等等，再辅之以数据中心和智能计算中心等算力基础设施以及云计算、边缘计算、大数据、人工智能和区块链的应用，万物互联的产业互联网应用将得到全面发展。

值得一提的是，中文"工业互联网"和"产业互联网"的英文均是"Industrial Internet"，而在我国一般将"Industrial Internet"说成"工业互联网"。追根求源，"Industrial Internet"一词是通用电气在 2012 年发布的白皮书《产业互联网：突破思维和机器的界限》(*Industrial Internet：Pushing the Boundaries of Minds and Machines*)中首次提出的，其实，该白皮书内容不仅涉及工业领域，还包括航空、医疗、铁路等服务业领域，因此，"Industrial Internet"可以被认为是狭义的"工业互联网"(或称工业 4.0)以及广义的"产业互联网"。

在 4G 背景下，消费互联网已经得到了蓬勃的发展，尤其是基于移动互联网的电商、媒体、社交和文娱等已经成为人民生活与国民经济发展中不可忽视的部分。然而，按照我国国家统计局制定的规范，三次产业的划分分别为第一、第二和第三产业，如图7.1 所示，从这个规范出发，电子商务等消费互联网其实也属于第三产业，也是互联网应用中的产业互联网范畴。

由此可见，产业互联网是三次产业依托数字信息技术尤其是移动互联网技术，围绕满足用户需求，以数据信息为主要生产要素，连通研发、生产、流通、消费和服务等全流程，创新生产方式、组织方式和业务模式，最终帮助企业实现业务增长和转型升级的目标。

新基建由信息、融合和创新三大基础设施组成，其中信息基础设施包括了通信网络、算力和新技术等基础设施，而通信网络

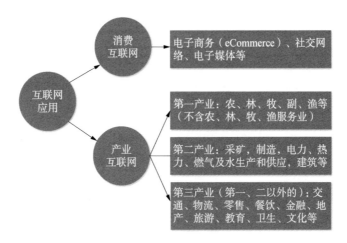

图 7.1   互联网在各个产业中的应用

的核心 5G 具有超高速率、超大连接和超低时延三大技术特性，
这就使得物联网的技术可以在三次产业得到全面的拓展，如图
7.2 所示。也就是说，新基建尤其是大幅降低"时延"的和大幅
提升"流量密度"的 5G 会给产业领域带来产业互联网的深刻
变革。

　　不同于 4G 及以前的消费互联网主要是在消费端带来革命
性的变革，5G 引发的产业互联网将通过实体企业的连接，跨越
行业界别，融合三次产业，把人类的生活与工作中的行为场景连
接打通，真正进入产业互联网时代，引发企业经营管理模式的
变革。

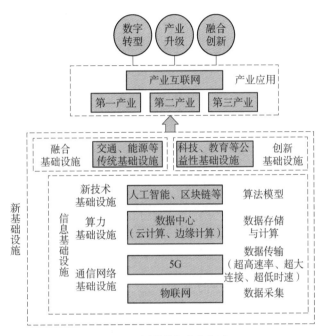

图 7.2　新基建与产业应用

7.2　产业互联网企业将占据主导地位

在 4G 消费互联网时代，不拥有出租车的优步（UBER）和滴滴出行等网约车公司通过其软件平台，连接了乘客、传统的出租车司机以及社会上的有车一族，提高了人们的出行效率，满足了多样化的出行品质需求,也优化了出行租车市场的资源配置,使得传统的出租汽车企业受到了很大的冲击。2010 年成立的美团不曾拥有一家饭店,但是发展到 2019 年 7 月底,就做到了每天 3 000 万的订单量,这是世界上任何一家实体饭店都难以达到的数字,尤其在新冠肺炎疫情期间,美团不仅为大量的饭店提供了业务,而且也满足了消费者的需求,让近 300 万快递小哥有了收入。亚马逊、淘宝、京东和拼多多等网络零售企业搭起了企业销售与消费者之间的桥梁,谷歌、携程和滴滴出行等互联网企业改变了市场结构,成为广告、酒店、出租车等市场的主导者。

4G 时代造就的一大批消费互联网平台型企业与行业内的传统企业相比,一个很大的不同点就在于前者以数字为主要生产要素。这些平台企业采用的是基于数据的运营规则,而不是基于传统的依赖于人力的方式,平台企业主要是运用由少数技术人员设计的网络、数据、软件、算法等加上一定的计算能力来创造价值,即平台企业的经营是由计算机系统而非人工来完成整个交易处理过程的,包括接待、识别、推荐、匹配、结算和考核供需双方。

消费互联网企业通过数字化的平台让相关业务领域的企业与客户共享资源,提高了管理效率。信息的透明化,消除了原本限制消费者的时间、地理位置和查找与比较的速度等因素,也大幅度降低了交易成本。通过对数据模型的不断优化与大量数据的分析,发挥出平台的网络效应。

例如,传统的出租汽车公司独立拥有并管理司机和车辆,有自己独立的信息系统，但是最终是由司机和车辆完成消费者的需求的。而滴滴出行的核心职能是在更大的地理范围内，通过其平台匹配出行需求者与车辆供给者，并且随着时间的推移，滴滴出行可以运用其累积的数据，生成并不断优化预测模型，对用户需求和车辆资源等进行深度挖掘，获取知识并洞察各自的价值所在，最终可以低成本、高效率地为用户和司机提供价值。尤其值得一提的是，拥有大量用户的这些平台还可以发挥杠杆传导和平台包抄等效应，比较容易地进入其他领域，例如，目前的美团除了外卖以外，还开展酒店、机票预订等众多业务。平台企业在出现初期常常会被称为市场的"搅局者"，因为平台企业的规则可能会违背行业与政府多年来沿用的规制，优步和滴滴出行等企业对出租汽车行业的冲击就是如此。

随着具有三大特性的新基建核心工程 5G 的建设与普及，基础设施方面就突破了 4G 固有的限制，消费互联网平台企业的业务模式将在三次产业领域得到全面的推广应用，同时消费互联网也将成为产业互联网的一个有机组成部分。正如消费互联网公司引领 2C 端的企业变革一样，产业互联网公司将引领几乎所有企业的变革，驱动产业转型升级。

例如，拥有超长产业链的乳业，其面向最终消费者的产品涉及养殖、研发、生产、流通、消费以及服务等各个方面，跨越农业、工业和服务业三次产业，如图 7.3 中的 A 部分所示。传统上各个企业之间的信息是隔离的，难以连续和统一，而且不同的对象

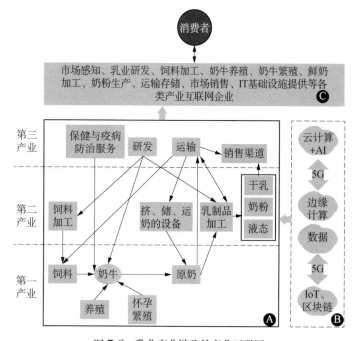

图 7.3   乳业产业链及其产业互联网

追求的目标也不尽相同,乳业企业追求奶牛年均单产,乳制品企业担心生鲜乳价格的波动,消费者为乳制品的质量安全而焦虑,等等。

产业互联网将会改变乳业产业链企业的运行状态,通过产业内各个环节参与者的互联互通,及时采集、存储、处理和传递数据,并运用区块链等技术保障所有数据和交易的可信性。例如,数字化无缝连接从市场到牧场的全流程,消费者不仅能够成为乳品工厂的操控者,根据自己的喜好订制牛奶、酸奶、奶酪和冰淇淋等商品，而且可以全程把控或者回溯产品质量。奶牛场利用物联网技术跟踪每头奶牛的状态，提供伴随一生的个性化健康保健措施，可以依据市场的需求和奶牛的状态使之适时怀孕产乳，如图7.3 中的 B 部分所示。

在图 7.3 中 B 部分必须重视的是边缘计算。在消费互联网时代，企业的大量数据由分层式的网络传输到云端，由云端进行集中分析处理后返回结果，这种数据处理方式的效率在海量数据产生的时代将会十分低下。而 5G 网络则使边缘计算成为数据下沉到边缘侧进行处理的"微云"，即在靠近数据源的一侧建立网络、存储、计算和应用核心能力等为一体的开放平台，提供最近端服务。5G 提供的大流量计算和大数据处理能力为边缘计算所需的海量数据传输和处理提供高速、高容量和低时延的服务，边缘计算具有显著增加带宽和降低延迟的应用，更易实现有极强实时响应的需求。因此可以提升计算的效率、降低延时、提高数据的安全性，越来越成熟的区块链技术为边缘计算提供信任机制，解决了由于数据处理云计算集中模式而产生的各种问题。

边缘计算将会是推进产业互联网的关键加速器，不仅可以提高计算效率，而且还会推动传统企业由"产品思维"转变为"全生命周期的服务思维"，因为每一个具有边缘计算能力的端都拥有数据，这就可以从中挖掘出数据的价值，进而构建新的业务模式，成为各种服务的提供方。这也会带来企业的分工越来越细的局面。

乳业产业互联网的构建实际上是产业价值链重塑的过程,产业链上的每一个环节都需要进行数字化升级,产业价值链不再只是传统意义上把原材料变成半成品或者产品的各种活动,还需要收集和加工随之而产生的数据要素,各个过程的任何一个成果都包含了数据,即数据也成为产品的一部分,否则产品就是不完整的。数据在这样一个乳业产业互联网中对创造价值将起到指数级增长的关键作用,相关企业进行互联后都变成数据驱动型企业,从而提高产业的整体效率。

这个过程中就需要在产业链的研发、生产、销售等内外各个环节综合运用新基建的5G、物联网、大数据、云计算、人工智能和区块链等新一代信息手段,形成乳业产业互联网,逐步构建起新的产业生态。在新的产业生态中,"劳力"时代转变进入"算力"时代,企业之间的数据联系将会越来越紧密,但是企业的分工将会越来越细,犹如在4G时代产生了一批消费互联网企业一样,5G时代将产生一批产业互联网企业,如图7.3中的C部分所示。

回顾全球市值前十大公司的变迁史可以发现,自1990年至今的30年来,以10年为一个周期,占据排行榜最多的依次是:1990年的金融企业,2000年的电信企业,2010年的能源企业,2020年的消费互联网企业。每一个周期的转变都代表着经济发展的主流,可以预期的是,到2030年占据这个排行榜最多的会是产业互联网企业。

7.3　企业的产业互联网机遇

产业互联网并非是简单的企业做数字化改造，而是基于新基建所重点投入的 5G、物联网、大数据、云计算和人工智能等互联网技术与应用，围绕市场的最终需求，对各个产业链及其内部价值链中的每一项活动进行重塑和改造，从而形成新的互联网生态体系，是企业发展模式的彻底变革。与消费互联网公司和传统企业之间多是此消彼长的替代关系不同，产业互联网企业运营的数据多来自不同的传统企业，对来自不同企业的数据和业务进行融合，返回去再为企业提供创新发展的基础，因此，产业互联网企业与传统企业之间是互相支撑、共生共赢的关系。

所以，产业互联网企业与消费互联网企业具有不同的特点。

（1）场景化细分业务

虽然技术在不断地进步，但是市场所依赖的经济原则并没有改变，分工带来的劳动效率提高和交易成本增加让部分市场功能转变为企业内部的计划与协调职能，因此，企业本质上就是市场的替代。然而，随着互联网的发展，由信息不透明而带来的交易成本大幅度降低，因此，分工就愈加精细，企业的一些职能分工也逐步回归市场化。实践也证明了这一点，在互联网开始普及的20世纪90年代，发达国家的企业开始将其IT项目以及事务管理职能外包到印度、中国和爱尔兰等国家，自此开始，企业职能外包的热潮一浪高过一浪，企业逐渐将其人力资源管理、财务会计和生产运营等重要职能外包出去。

对于这种现象，彼得·德鲁克先生1989年在《管理新现实》中指出："在10到15年之内，任何企业中仅做后台支持而不创造营业额的工作都应该外包出去，任何不提供高级发展机会的活动与业务也应该采取外包形式。"德鲁克先生意指企业应该专注于自身核心业务的发展，将非核心或短期内难以解决的问题外包给其他企业，从而降低经营成本等负担。然而，随着时间的推移，一些企业也将应该是直接创造营业额的销售职能外包了，例如，在纳斯达克和香港两地挂牌上市的宝尊电商就承担了众多品牌商品的在线市场销售工作，著名的耐克、阿迪达斯等在淘宝、天猫平台上的专卖店其实完全是由电商代运营企业负责的。

以5G为基础的产业互联网将会让企业的各个环节都由专业化机构管理和运营，亦即大量的场景化细分业务运营组织将会产生，进而构建起去中心化的产业互联网开放生态，产业互联网生态中的相互关系将会是基于数据的"软件服务"。

比如在乳业产业互联网中，从对市场需求的感知到饲料供给和奶牛养殖繁殖，直至乳制品的生产加工和销售服务，涉及的所有环节要素都将数据化。这些数据被平台化的不同经济主体以及政府监管机构掌控,进行相关的计算、处理、分析、优化、控制与决策等智能化运用,价值链中每一个活动都以"相互服务"为手段,以满足最终用户的需求为目标,从而消除了流程之间、企业之间、产业之间和地区之间的差异。

因此,不同于消费互联网时代的市场为少数几个平台企业所占有,依据场景化细分业务的产业互联网组织生态将会依托实体企业的各个环节而显得更加丰富茂盛。消费互联网企业模式大多是面向大众消费、娱乐和信息需求的,具有普及化、大众化和同质化的特点,而三次产业中各类企业的需求感知、研发设计、生产供应与销售服务等商业活动都是高度专业和异质的,因此,产业互联网所表现出的场景大多是基于数据,面向企业管理运营,具有专业化和异质化的特点。

(2)价值共创型平台

消费互联网平台基于软件充分运用数据和模型,就比较容易将传统企业长期建立起来的品牌和经验快速商品化,并且随着数据量的增加,平台不断学习成长并扩大网络效应,获得供应和需求两种规模优势。因此,消费互联网平台不仅获取了传统企业的利润,而且还加剧了传统企业之间的竞争,使得传统企业获取利润的水平越来越低,价值空间甚至生存空间也不断缩小。例如,与传统超市或大卖场相比,京东、天猫等平台以软件为中心,将传统供应链中位于核心地位的销售人员变更为技能要求更低的物流快递小哥,并且还消除了传统的 80/20 法则的瓶颈以及规模限制,最终使得许多著名的零售公司消亡了。因此消费互联网平台与传统企业之间常常是此消彼长的关系。

竞争虽然是商业的常态,但是,产业互联网是场景化的平台,基础还是传统企业的场景,只是把众多企业的相同场景环节数字平台化。产业互联网体现其存在意义的是让传统实体企业得到更好的利益,如果说消费互联网时代主要靠流量取胜,那么产业互联网时代则主要靠共创价值取胜。

提及产业互联网平台,一定脱离不了我国海尔的卡奥斯、美国通用电气的 Predix 以及亚马逊的 AWS 和德国西门子的 Mindsphere 等大平台,这些大多是偏重于以工业为中心的产业互联网平台。要发挥出这些平台的更大作用,避免出现中心化模式而形成数据孤岛,就需要越来越多的场景化产业互联网出现,这些大平台通过接纳各类场景化平台,从而打通产业链各个环节的数据连接。

新基建提供了产业互联网不同平台之间大量数据高速互联互通的条件,为产业链各个环节的数据提供采集存储能力以及计算效率等,使之产生最大的价值。

(3) 传统企业的产业互联网转型

传统企业的产业互联网转型,需要应对以下几个挑战:

一是数据的挑战。产业链一般都比较长,涉及的环节、岗位、物料和机构等也很多，连接的数据不仅量大而且种类也多，因此，保证采集、传输和存储的数据具有完整性、及时性、统一性和不可篡改性的难度就很大，迫切需要对设备进行数字化改造，以便在数据源头能够一次性自动获取数据。

二是系统的挑战。产业内部以及产业之间关联着众多的系统层级，已经存在的组织结构复杂，难以套用消费互联网的方式进行决策和重组，需要从市场端向供应端倒推，理顺系统使之扁平化。当然，这个过程也需要对政府部门的管理职能做相应的调整，比如，传统上，奶牛养殖属于农业部门，而奶制品生产则属于工业部门，奶产品的流通又归于商业部门，如果不统一这些部门的管理，也就很难顺畅地开展产业互联网活动。

三是技术的挑战。技术是发展产业互联网的基石，按照今天的标准，产业互联网时代的每个企业都是科技型网络企业，然而，企业的大多数场景需要的不是通用技术，而是针对场景化需求的专门技术，同时还需要包括系统安全技术在内的其他技术的配合。因此，相关专业技术力量的要求也比较高。

四是管理的挑战。传统企业的管理流程一般是以人力为中心的，存在规模不经济和管理惯性等问题，产业互联网是使用数据和软件来完成许多过去需要人力要做的事情的，这是一种颠覆。克莱顿·克里斯滕森（Clayton Christensen）在 1995 年提出的颠覆式创新理论认为，由于公司熟悉与现有客户的联系方式而导致的组织惯性会使公司无法有效应对"颠覆性"的变化。因此，企业需要从根本上改变收集和运用数据的方式,改变与客户、用户的交互方式,自上而下地彻底重新设计运营模式,强化数据驱动力的管理模式。

7.4 本章小结

海尔的张瑞敏先生说过:"没有成功的企业,只有时代的企业。"移动互联网让世界进入了一个数据价值时代,数据与传统的物质材料和能源一样有价值,且还有可共享与可再生的独特特点,新基建则加快了数据价值时代的步伐,产业互联网应运而生。

当然,新基建作为国家战略,其核心项目 5G 的技术特性和应用场景为企业带来了新的数字化运营模式,即产业互联网组织,为传统企业的转型升级和跨越式发展带来了机遇。能否抓住机遇,取决于企业管理者的创新思维和新技术运用能力。

参考文献

前言

伊·谢·科恩著,佟景韩等译,自我论:个人与个人自我意识,生活·读书·新知三联书店,1986 年 12 月。

彼得·F. 德鲁克著,黄志典译,管理新现实,东方出版社,2009 年 3 月。

肯·艾弗森著,郭颐顿、杨彦恒译,以小博大:我和我的纽柯钢业,东方出版中心,2019 年 7 月。

钱穆,国史大纲(修订本),商务印书馆,1996 年 6 月。

卡尔·夏皮罗、哈尔·R. 范里安著,孟昭莉、牛露晴译,信息规则:网络经济的策略指导,中国人民大学出版社,2017 年 11 月。

卡尔·马克思、弗里德里希·恩格斯,马克思恩格斯文集(第 1 卷),人民出版社 2009 年 12 月。

罗曼·罗兰著,韩沪麟译,约翰·克利斯朵夫,译林出版社,2011 年 2 月。

斯图尔特·克雷纳著,邱琼、钟秀斌、陈遊芳译,管理百年:20 世纪管理思想与实践的批判性回顾,海南出版社,2003 年 9 月。

第1章

刘杰,正确的目的:企业开展意义管理的原点,清华管理评论,2022年第4期。

彼得·德鲁克著,齐若兰译,那国毅审订,管理的实践,机械工业出版社,2006年1月。

辞海编辑委员会,辞海,上海辞书出版社,1999年9月。

丹·艾瑞里著,赵德亮、夏蓓洁译,怪诞行为学,中信出版社,2008年10月。

葛建华、马奇:组织中的"政治力量"博弈,中外管理,2011年第6期。

哈耶克著,邓正来译,自由秩序原理(上),生活·读书·新知三联书店,1997年12月。

洪芷倩、陆一夫,海底捞不上市策略背后:餐饮企业上市仍困难重重,时代周报,2014年7月31日。

卢克·约翰逊,企业应该把谁放在首位?,英国金融时报中文网,http://www.ftchinese.com/story/001030477,2009年12月。

罗纳德·H.科斯,企业的性质,奥利弗·E.威廉姆森、西德尼·G.温特编,企业的性质:起源、演变和发展,商务印书馆,2007年2月。

加里·哈默、比尔·布林著,陈劲译,管理的未来,中信出版社,2012年9月。

马浩,公司为谁而生——内部人员利益至上的企业观,清华管理评论,2013年第5期。

那国毅,百年德鲁克,机械工业出版社,2010年1月。

尼科·默克基安尼斯著,曾琳译,伟大公司的起点:企业目的,机械工业出版社,2008年3月。

潘东燕,"员工第一"无关道德,关乎战略,中欧商业评论,2012年第2期。

钱穆讲授,叶龙记录整理,中国经济史,北京联合出版社,2013 年12 月。

司马迁,史记(第六册),北京燕山出版社,2007 年 1 月。

莎士比亚著,朱生豪等译,莎士比亚全集,译林出版社,1998 年 5 月。

斯图尔特·克雷纳著,邱琼、钟秀斌、陈遊芳译,管理百年:20 世纪管理思想与实践的批判性回顾,海南出版社,2003 年 9 月。

王利器校注,盐铁论校注(定本),中华书局,1992 年 7 月。

熊毅晰,信心危机下,找寻企业的"天命",天下,2014 年第 10 期。

亚当·斯密著,唐日松等译,国富论,华夏出版社,2005 年 1 月。

约翰·米克勒斯维特、阿德里安·伍尔德里奇著,夏荷立译,公司的历史,安徽人民出版社,2012 年 7 月。

叶铁桥,"三鹿事件"真相大曝光,中国青年报,2009 年 1 月 1 日。

张瑞敏,好的商业模式是一场无限游戏,商业评论,2016 年第 8 期。

张维迎,博弈与社会,北京大学出版社,2013 年 1 月。

约瑟夫·熊彼特,经济发展理论,商务印书馆,1990 年 1 月。

陈劲、曲冠楠、王璐瑶,有意义的创新:源起、内涵辨析与启示,科学学研究,2019 年第 11 期。

詹姆斯·苏兹曼著,蒋宗强译,工作的意义:从史前到未来的人类变革,中信出版集团,2021 年 3 月。

大卫·格雷伯著,李屹译,40%的工作没有意义,为什么还抢着做?论狗屁工作的出现与劳动价值的再思,商周出版社,2019 年 1 月。

Bowen, H. R., *Social Responsibilities of the Businessman*, New York, Harper, 1953.

Friedman, M. (1970), The social responsibility of business is to increase its profits, *New York Times*, 14 September.

Ian Davis, What is the business of business? *The McKinsey*

Quarterly, No. 3, 2005.

ROBERT DUBIN, Management: Meanings, Methods, and Moxie, *Academy of Management Review 1982*, Vol. 7, No. 3.

Isaac H. Smith, Maryam Kouchaki, Ethical Learning, The Workplace as a Moral Laboratory for Character Development, *Social Issues and Policy Review*, Vol. 15, No. 1, 2021.

Yevtushenko N. O., Strategic Management by Balanced Development: Meaning, *Economic Processes Management: International Scientific E-Journal*. January 2016.

Marjolein Lips-Wiersma, Lani Morris, Discriminating Between 'Meaningful Work' and the 'Management of Meaning', *Journal of Business Ethics*, Vol. 88, 2009.

第 2 章

刘杰,互联网思维:你说到做到了吗?,清华管理评论,2014 年第 3 期。

莱斯特·C.梭罗,中国的基础设施建设问题,经济研究,1997 年第 1 期。

亨利·法约尔著,迟力耕、张璇译,工业管理与一般管理,机械工业出版社,2013 年 5 月。

丹尼尔·A.雷恩著,李柱流、赵睿译,管理思想的演变,中国社会科学出版社,2002 年 11 月。

克莱顿·克里斯坦森著,胡建桥译,创新者的窘境,中信出版社,2010 年 6 月。

亚当·斯密著,谢宗林、李华夏译,国富论,中央编译出版社,2011 年 10 月。

唐·泰普斯科特、安东尼·D.威廉姆斯著,何帆、林季红译,维基经济学,中国青年出版社,2007年10月。

托马斯·弗里德曼著,何帆、肖莹莹、郝正非译,世界是平的,湖南科学技术出版社,2006年11月。

比尔·盖茨著,辜正坤译,未来之路,北京大学出版社,1996年1月。

张瑞敏,只要找对了路,就不怕远,IT经理世界,2011年7月。

陈录城,卡奥斯COSMOPlat:全球工业互联网引领者,数字经济,2021年3月。

迟明霞,小米集团2021年营收净利双升,中华工商时报,2022年03月23日。

黄杜,论科技企业的愿景、使命、价值观——以阿里巴巴为例,中国集体经济,2021年第9期。

查尔斯·达尔文著,苗德岁译,物种起源,译林出版社,2016年10月。

尼古拉斯·G.卡尔著,曾剑秋译,冷眼看IT:信息技术竞争优势的丧失,商务印书馆,2005年5月。

王坚,在线,中信出版集团,2018年5月。

Nicholas Carr, Does IT Matter?, *Harvard Business Review*, June 2003.

第3章

刘杰,企业如何领略与释放数据要素的价值,清华管理评论,2021年第11期。

朱天,中国式增长,东方出版中心,2019年。

布莱恩·斯诺登、霍华德·文著,王曙光、来有为等译,与经济大师对话——阐释现代宏观经济学,北京大学出版社,2000年。

马丁·林斯特龙著,陈亚萍译,痛点:挖掘小数据满足用户需求,中信出版社,2017 年 4 月。

中田敦著,李会成、康英楠译,变革：制造业巨头 GE 的数字化转型之
路,机械工业出版社,2018 年 8 月。

李翔,详谈：左晖,新星出版社,2020 年 11 月。

阿尔温·托夫勒著,刘红等译,权力的转移,中共中央党校出版社,
1991 年 2 月。

SIMON KUZNETS, Modern Economic Growth: Findings and
Reflections, *THE AMERICAN ECONOMIC REVIEW*, Vol. 63,
No. 3 (June 1973).

European Commission, Secretariat General: A New Industrial
Strategy for Europe, 2020. https://www. europeansources. info/
record/a-new-industrial-strategy-for-europe/.

Peter E. Johansson, Andreas Wallo, Exploring the work and
competence of interactive researchers Work and competence of
interactive researchers, *Journal of Manufacturing Technology
Management*, Vol. 31, No 8, 2020.

第 4 章

刘杰,数据时代的企业算法治理思维,清华管理评论,2021 年 4 月。

海伦娜·亨特著,黄邦福译,本质：贝佐斯的商业逻辑与领导力法
则,北京联合出版公司,2021 年 4 月。

埃莉诺·奥斯特罗姆著,余逊达、陈旭东译,公共事务的治理之道,上
海译文出版社,2012 年 3 月。

弗雷德里克·泰勒著,马风才译,科学管理原理,机械工业出版社,
2013 年 4 月。

马歇尔·麦克卢汉著,何道宽译,理解媒介：论人的延伸,译林出版

社,2019 年 4 月。

彼得·戴曼迪斯、史蒂芬·科特勒著,贾拥民译,未来呼啸而来,北京
联合出版公司,2021 年 1 月。

瑞·达利欧著,崔苹苹、刘波译,原则:应对变化中的世界秩序,中信
出版集团,2022 年 1 月。

蒂姆·奥莱利著,杨晨曦、戴茗玥、蔡敏瑜译,未来地图:技术、商业
和我们的选择,电子工业出版社,2018 年 6 月。

Kirsten Martin, Designing Ethical Algorithms, *MIS Quarterly
Executive*, June 2019.

Marijn Janssen, Paul Brous, Elsa Estevez, Luis S. Barbosa, Tomasz
Janowski, Data Governance: Organizing Data for Trustworthy
Artificial Intelligence, *Government Information Quarterly*, Vol.
37, Issue 3, July 2020.

第 5 章

刘杰,自动化管理的实施:意义与路径,清华管理评论,2022 年第 6 期。

亚当·斯密著,唐日松等译,国富论,华夏出版社,2005 年 1 月。

罗纳德·H.科斯,企业的性质,奥利弗·E.威廉姆森、西德尼·G.温
特编,姚海鑫、刑源源译,企业的性质:起源、演变和发展,商务印
书馆,2007 年 2 月。

伊安·罗斯著,张亚萍译,亚当·斯密传,浙江大学出版社,2013 年
5 月。

迈克尔·哈默、丽莎·赫什曼著,施可译,端到端流程:为客户创造
真正的价值,机械工业出版社,2019 年 8 月。

约翰·布罗克曼编著,王佳音译,AI 的 25 种可能,浙江人民出版社,
2019 年 10 月。

拉里·施韦卡特、莱恩·皮尔森·多蒂著,王吉美译,美国企业家:三百年传奇商业史,译林出版社,2013 年 7 月。

袁火洪,数字化转型的践行者,也是受益者,https://new.qq.com/rain/a/20200623A0M61500,2021 年 6 月 23 日。

维克多·弗兰克,活出生命的意义,华夏出版社,2010 年 6 月。

张维迎、盛斌,企业家:经济增长的国王,上海人民出版社,2014 年 6 月。

Harold T. Amrine, John A. Ritchey, Colin L. Moodie, Manufacturing Organization and Management(7th ed.), Prentice Hall, 1987.

Keen, P. G W, M. S. Scott Morton, Decision Support Systems: An Organizational Perspective. Reading, MA: Addison-Wesley, 1978.

SEBASTIAN RAISCH, SEBASTIAN KRAKOWSKI, ARTIFICIAL INTELLIGENCE AND MANAGEMENT: THE AUTOMATION-AUGMENTATION PARADOX, *Academy of Management Review*, Vol.46, No.1, 2021.

Peter Hofmann, Caroline Samp, Nils Urbach, Robotic Process Automation, *Electronic Markets*, Vol.30, 2020.

Crispin Coombs, Donald Hislop, Stanimira K. Taneva, Sarah Barnard, The Strategic Impacts of Intelligent Automation for Knowledge and Service Work: An Interdisciplinary Review, Journal of Strategic Information Systems, Vol. 29, Issue 4, December 2020.

第 6 章

刘杰,企业走向新的数字化之路,清华管理评论,2019 年第 9 期。

阿尔温·托夫勒著,朱志焱、潘琪译,第三次浪潮,生活·读书·新知三联书店,1983 年 3 月。

罗纳德·H. 科斯,企业的性质,奥利弗·E. 威廉姆森、西德尼·G. 温特编,企业的性质:起源、演变和发展,商务印书馆,2007 年 2 月。

奥利弗·哈特著,费方域译,企业、合同与财务结构,格致出版社,2016 年 10 月。

杰奥夫雷·G. 帕克、马歇尔 W. 范·埃尔斯泰恩、桑基特·保罗·邱达利著,志鹏译,平台革命:改变世界的商业模式,机械工业出版社,2017 年 10 月。

JEREMY B. DANN, KATHERINE BENNETT, ANDREW OGDEN,小米:设计"物联网"生态系统,*USC Marshall School of Business*, May 2018.

Martin Mocker, Nils O. Fonstad, How AUDI AG is Driving Toward the Sharing Economy, *MIS Quarterly Executive*, Vol. 16, Issue 4, January 2017.

Ivo Blohm, Shkodran Zogaj, Ulrich Bretschneider, Jan Marco Leimeister, How to Manage Crowdsourcing Platforms Effectively?, *California Management Review*, Vol. 60(2), 2018.

JONATHAN A. KNEE, Why Some Platforms Are Better Than Others, *MIT SLOAN MANAGEMENT REVIEW*, WINTER, 2018.

第 7 章

刘杰,新基建背景下的产业互联网机遇,清华管理评论,2020 年第 9 期。

莱斯特·C. 梭罗,中国的基础设施建设问题,经济研究,1997 年第

1 期。

拉里·唐斯、保罗·纽恩斯著,粟之敦译,大爆炸式创新,浙江人民出版社,2014 年 10 月。

克莱顿·克里斯坦森著,胡建桥译,创新者的窘境:领先企业如何被新兴企业颠覆? 中信出版社,2020 年 7 月。

Fredrik Svahn, Lars Mathiassen, Rikard Lindgren, EMBRACING DIGITAL INNOVATION IN INCUMBENT FIRMS: HOW VOLVO CARS MANAGED COMPETING CONCERNS, *MIS Quarterly*, 2017, Vol.41, No.1.

Peter C. Evans, Marco Annunziata, Industrial Internet: Pushing the Boundaries of Minds and Machines, http://www. cse. tkk. fi/fi/opinnot/T-109.4300/2015/luennot-files/Industrial. pdf, 26 November, 2012.

MARTIN REEVES, LARS FÆSTE, KEVIN WHITAKER, FABIEN HASSAN, The Truth About Corporate Transformation, *MIT SLOAN MANAGEMENT REVIEW*, http://mitsmr. com/2DQSmF4,2018.